数据治理实战

企业应用案例深度剖析

葛利宏　黄　鑫　等◎著

企业管理出版社

图书在版编目（CIP）数据

数据治理实战：企业应用案例深度剖析 / 葛利宏等著. -- 北京：企业管理出版社，2024. 12. -- ISBN 978-7-5164-3190-0

Ⅰ. F272.7

中国国家版本馆CIP数据核字第2024DZ2882号

书　　名：	数据治理实战：企业应用案例深度剖析
书　　号：	ISBN 978-7-5164-3190-0
作　　者：	葛利宏　黄　鑫　等
责任编辑：	陈　戈　赵　琳　田　天
出版发行：	企业管理出版社
经　　销：	新华书店
地　　址：	北京市海淀区紫竹院南路17号　　邮　　编：100048
网　　址：	http://www.emph.cn　　电子信箱：emph001@163.com
电　　话：	编辑部（010）68701638　　发行部（010）68414644　68417763
印　　刷：	北京亿友数字印刷有限公司
版　　次：	2024年12月第1版
印　　次：	2024年12月第1次印刷
开　　本：	710mm×1000mm　1/16
印　　张：	15.75
字　　数：	234千字
定　　价：	68.00元

版权所有　翻印必究·印装有误　负责调换

前　言

在当今数据驱动的商业环境中,数据治理已经成为企业战略规划中不可或缺的一部分。它涉及的不仅是数据的存储和管理,更关键的是如何确保数据在整个生命周期中的质量、安全性和可用性。数据治理的核心目标是建立透明、可靠和高效的数据管理体系,这对于企业的长期发展至关重要。可见,数据治理是确保企业在竞争激烈的市场中保持领先地位的关键。它不仅提高了数据的价值,还为企业带来了更高的运营效率、更强的决策能力和更高的客户满意度。因此,企业必须认识到数据治理的重要性并投入必要的资源建立、维护有效的数据治理体系,这将是企业实现长期成功和可持续发展的基石。

目 录

第1章 概　述 1
 1.1 编纂目的 1
 1.2 数据治理的必要性及意义 1

第2章 企业数据治理实施框架 6
 2.1 数据战略 7
 2.2 数据管理域 7
 2.3 数据管理能力成熟度评估 12
 2.4 持续数据治理 12
 2.5 数据治理体系改进 13

第3章 企业数据治理实施方法 14
 3.1 数据治理实施原则 14
 3.2 数据治理顶层设计 15
 3.3 数据资产目录 33
 3.4 主数据管理 38
 3.5 指标数据 45
 3.6 数据质量 48

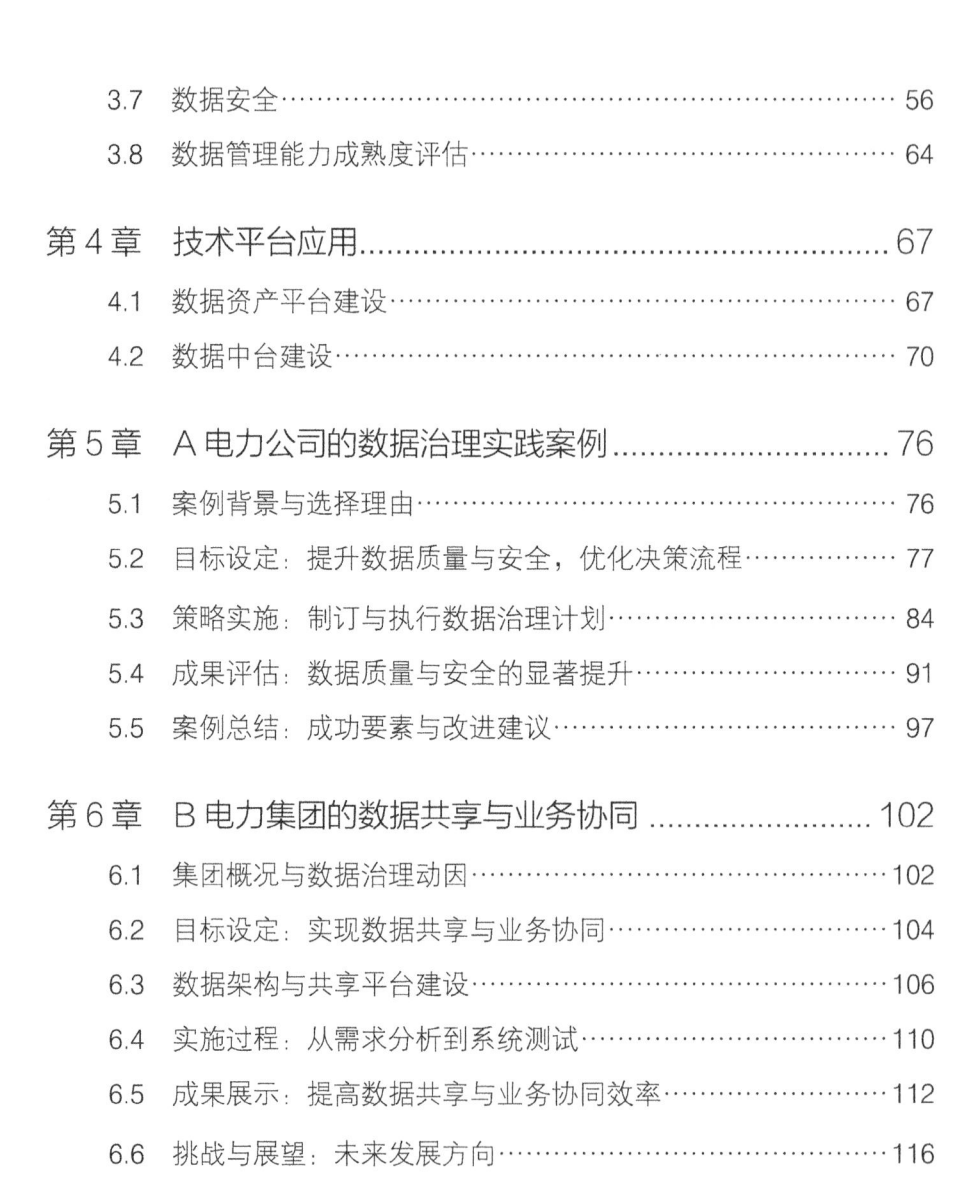

3.7　数据安全……………………………………………………56
　　3.8　数据管理能力成熟度评估…………………………………64

第4章　技术平台应用……………………………………………67
　　4.1　数据资产平台建设…………………………………………67
　　4.2　数据中台建设………………………………………………70

第5章　A电力公司的数据治理实践案例………………………76
　　5.1　案例背景与选择理由………………………………………76
　　5.2　目标设定：提升数据质量与安全，优化决策流程………77
　　5.3　策略实施：制订与执行数据治理计划……………………84
　　5.4　成果评估：数据质量与安全的显著提升…………………91
　　5.5　案例总结：成功要素与改进建议…………………………97

第6章　B电力集团的数据共享与业务协同……………………102
　　6.1　集团概况与数据治理动因…………………………………102
　　6.2　目标设定：实现数据共享与业务协同……………………104
　　6.3　数据架构与共享平台建设…………………………………106
　　6.4　实施过程：从需求分析到系统测试………………………110
　　6.5　成果展示：提高数据共享与业务协同效率………………112
　　6.6　挑战与展望：未来发展方向………………………………116

第7章　C电力集团的数据资产化管理…………………………120
　　7.1　输变电行业背景与数据治理需求…………………………120
　　7.2　数据资产化管理的目标与意义……………………………124
　　7.3　数据资产盘点与质量管理…………………………………126
　　7.4　治理方案设计与监控实施…………………………………132

7.5 数据资产成效分析与展示⋯⋯⋯⋯⋯⋯⋯⋯⋯⋯⋯⋯⋯⋯137
  7.6 经验总结与行业启示⋯⋯⋯⋯⋯⋯⋯⋯⋯⋯⋯⋯⋯⋯⋯142

第8章 D智能电网公司的数据智能化管理⋯⋯⋯⋯⋯⋯⋯⋯149
  8.1 智能电网发展背景下的数据治理⋯⋯⋯⋯⋯⋯⋯⋯⋯⋯149
  8.2 提升数据实时性与电网调度能力⋯⋯⋯⋯⋯⋯⋯⋯⋯⋯154
  8.3 数据采集、存储与智能分析优化⋯⋯⋯⋯⋯⋯⋯⋯⋯⋯161
  8.4 技术部署与系统集成的过程⋯⋯⋯⋯⋯⋯⋯⋯⋯⋯⋯⋯170
  8.5 数据实时性与准确性的成果⋯⋯⋯⋯⋯⋯⋯⋯⋯⋯⋯⋯175
  8.6 技术创新与智能电网发展的贡献⋯⋯⋯⋯⋯⋯⋯⋯⋯⋯180

第9章 E电力有限公司的新能源数据治理⋯⋯⋯⋯⋯⋯⋯⋯185
  9.1 新能源行业发展与数据治理挑战⋯⋯⋯⋯⋯⋯⋯⋯⋯⋯185
  9.2 优化数据管理与预测分析目标⋯⋯⋯⋯⋯⋯⋯⋯⋯⋯⋯186
  9.3 数据管理体系重构与模型创新⋯⋯⋯⋯⋯⋯⋯⋯⋯⋯⋯191
  9.4 系统开发、实施与效果评估⋯⋯⋯⋯⋯⋯⋯⋯⋯⋯⋯⋯200
  9.5 数据管理与业务创新的成果⋯⋯⋯⋯⋯⋯⋯⋯⋯⋯⋯⋯205
  9.6 创新点与行业借鉴⋯⋯⋯⋯⋯⋯⋯⋯⋯⋯⋯⋯⋯⋯⋯⋯210

第10章 F电力公司的数据治理案例研究⋯⋯⋯⋯⋯⋯⋯⋯211
  10.1 案例背景与特色介绍⋯⋯⋯⋯⋯⋯⋯⋯⋯⋯⋯⋯⋯⋯⋯211
  10.2 治理目标与策略定制⋯⋯⋯⋯⋯⋯⋯⋯⋯⋯⋯⋯⋯⋯⋯212
  10.3 实施过程与关键措施⋯⋯⋯⋯⋯⋯⋯⋯⋯⋯⋯⋯⋯⋯⋯213
  10.4 成果与影响分析⋯⋯⋯⋯⋯⋯⋯⋯⋯⋯⋯⋯⋯⋯⋯⋯⋯215
  10.5 地方特色与行业价值的融合⋯⋯⋯⋯⋯⋯⋯⋯⋯⋯⋯⋯216

第 11 章　企业数据治理的未来发展趋势 225

11.1　数据治理的未来发展预测 225
11.2　技术创新与数据治理的融合方向 226
11.3　数据治理与业务整合的深化 228
11.4　数据治理在企业数字化转型中面临的挑战和作用 232

附录　相关法律法规与行业标准 235

参考文献 237

后记 243

第1章

概 述

▶▶ 1.1 编纂目的

本书深入解析了数据治理的理论框架与实践路径，聚焦于企业数据治理的核心挑战与关键环节，提炼并总结了宝贵的实践经验。它不仅为企业中负责信息战略决策的高层管理人员提供了明确的指导方向，还为直接参与数据治理工作的技术人员提供了实用的操作方法和工具。通过实施数据治理，本方案旨在打破企业内部数据壁垒，统一数据标准，提升数据质量，从而确保数据治理在企业管理中的有效落地，最大化地释放数据价值，为企业的数字化转型和持续发展提供坚实支撑。

▶▶ 1.2 数据治理的必要性及意义

1.2.1 数据治理的必要性

1.2.1.1 数据环境复杂性要求开展数据治理

在企业广泛推进数字化、网络化和智能化的信息化建设浪潮中，企业的工业自动化水平已达到前所未有的高度，物联网技术的深度应用更是极大地增强了对环境、设备及系统的全方位感知能力。以 ERP（企业资源计划）、SCM（软件配置管理）等为代表的业务和资源管理系统，正逐步迈向集成化、中台化的发展新阶段。企业的数据环境经历了从单一表单库到多库多区，再到现今复杂多变的大数据环境的显著变迁，其复杂性急剧攀升。在此背景下，企业面临的数据源不再局限于少数几个，而是扩展至数百个乃至数千个，呈现出多源、异构、网络化的显著特征。因此，通过实施数据治理，明确界定合理的数据架构，以规范数据的分布、流向、汇聚与存储，已成为企业应对数据复杂性挑战、充分挖掘数据价值的关键所在。

1.2.1.2　历史数据系统形成信息孤岛和异构

随着信息系统的发展，企业内部的业务及管理系统因应时代需求和技术演进，在不同时间节点由不同供应商构建，历经多轮迭代形成了显著的信息孤岛与异构环境问题。尽管大数据技术已在技术层面攻克了诸多难题，关于信息资源分类、数据模型一致性、元数据标准及编码规范等问题仍亟须通过全面深入的数据治理策略系统性解决。企业迫切需要在数据治理领域迈出关键步伐，专注于从数据内容的本质出发，进行信息资源的精细分类、业务数据模型的精准构建、元数据标准的统一制定、数据编码的规范化，以及参考数据标准的完善，为企业的数据交换、高效利用及高级数据组织提供坚实的模型支撑与标准化基础。

1.2.1.3　数据利用提出更高的数据质量要求

由于数据在现代企业中的核心生产力地位日益凸显，其高效利用与深度开发成为企业信息化建设的核心驱动力。然而，当前数据质量的参差不齐严重制约了数据价值的最大化释放。为了打破这一瓶颈，企业迫切需要强化数据治理工作，以提升数据管理水平，确保数据质量的显著提升。通过制定严格的数据质量标准，开展全面的数据质量评估，企业能够精准识别并解决数据质量问题。进而，通过实施源头控制或数据清洗策略，实现数据的高效再组织与质量保证，为数据的高效利用与价值最大化奠定坚实基础。

1.2.1.4　企业的社会化协同要求数据标准化

随着电子商务与互联网应用的蓬勃发展，企业已全面融入数字化时代的新生态中，其与外界的互动模式正发生深刻变革。从传统的人员直接沟通与文档交换，逐步转向基于系统化平台的数据互联与电子化信息流转。在这一转型背景下，企业数据不仅需要遵循国家相关的政策法规及行业标准，更需要通过强化数据治理，确保与外部数据系统实现无缝互操作。具体而言，企业应致力于构建一套标准化的数据管理体系，以实现内外数据的规范对接。通过开放数据服务，以统一的标准和高度一致性推动与外部业务伙伴的顺畅交易与信息共享。这不仅要求企业内部数据的准确性与完整性达到新高度，还需确保数据流通的每一个环节都能符合社会化的协同要求，从而在更广泛的数字化空间内促进业务的高效协同与创新发展。

1.2.1.5　数据资产管理对数据治理的新要求

在当今商业环境中，数据资产的重要性日益上升，促使企业高层及信息技术部门对其给予了前所未有的重视。为了确保企业数据资产的家底清晰、分布明确、流向可追溯并确保其安全性，及时且有效的信息通报给所有相关的数据资产干系人变得至关重要。这一目标的实现，离不开建立健全的数据治理体系和采用先进的治理工具，它们共同构成了支撑上述管理需求的关键基石。

1.2.2　数据治理的意义

数据治理作为企业管理现代化的基石，对于强化数据空间规范性、优化数据组织架构、推进数据标准化进程、提升数据质量，以及增强数据资产管理能力具有深远的意义。通过有效的数据治理，企业能够显著提升其数据资产的管理水平，深入挖掘数据价值，为业务决策提供有力支持，最终推动企业在激烈的市场竞争中实现卓越的业务增长和持续发展。

1.2.2.1　提升数据架构规范性

通过详尽的数据环境调查与数据源分布的清晰梳理，企业能够构建起一个高效、有序的数据架构体系。这一体系涵盖从数据源到汇聚节点、网关节点、中心节点及服务节点的精心布局，旨在打造一条贯穿企业各层级的数据高速公路，确保数据在源头得到有效控制，实现有序传输与分层汇聚。数据在集中存储的同时，亦能根据利用需求进行动态调整，形成源头可控、流程顺畅、存储合理且服务高效的数据架构。此举措不仅提升了数据架构的规范性，还促进了数据在空间维度的合理布局与高效编排，为企业数据治理奠定了坚实的基础。

1.2.2.2 提高数据组织能力

数据治理在提升企业数据组织能力方面发挥着至关重要的作用。通过细致的信息资源分类与业务数据模型建模，企业能够构建起高阶的业务信息视图，为所有信息系统提供统一且一致的业务数据参考分类和模型。这一过程不仅指导了信息系统的数据建模实践，更为数据服务平台的建设奠定了面向业务对象的主题库基础。这种高阶的数据组织能力极大地促进了数据的有效整合与利用，为数据集向信息集乃至知识库的深化加工提供了强有力的支撑，从而显著提升了数据的整体利用价值，助力企业实现数据驱动的业务增长与创新。

1.2.2.3 提升数据标准化程度

数据治理在提升数据标准化程度方面扮演着关键角色。通过精心设计的元数据定义、统一的数据编码标准及严格的参考数据标准制定工作，数据治理为企业的所有干系人提供了术语规范、语义一致且内容标准的数据字典、编码标准及参考数据标准。这些举措显著减少了数据中的"同名异义"和"同义异名"现象，确保了数据的准确性和一致性，进而提升了整个企业的数据标准化程度，为数据的有效管理和利用奠定了坚实基础。

1.2.2.4 提高数据质量水平

数据治理通过构建一套完善的数据质量标准、质量评价规则、质量报告及质量改进的闭环体系，实现了对数据生产力环境中各个环节和对象的全面监测、精准评估与及时整改。这一体系不仅促进了数据质量的动态改进与持续提升，还确保了数据在采集、存储、处理、分析和应用等环节中的高质量表现。通过数据治理显著提高了企业的数据质量水平，为数据驱动的决策和业务创新提供了坚实的数据基础。

1.2.2.5 增强数据资产管理

数据治理机制为企业管理层及信息管理部门提供了高层次的数据洞察视角，借助数据资产目录与数据空间地图等先进工具，详尽展示了数据资产的分布、规模、流动路径、增长趋势及安全状态，确保管理者对数据资产状况了如指掌。同时，通过流程化手段管理数据使用与责任归属，不仅强化了数据资产管理的系统性与规范性，还显著提升了数据资产管理的能力与效率，为企业的数据资产保值、增值奠定了坚实基础。

第 2 章
企业数据治理实施框架

数据治理实施框架定义了基于数据治理理论和方法的实践模型，由数据战略、数据管理域（即数据治理体系、数据资产目录及数据架构建模、数据模型管理、主数据管理、元数据管理、数据质量管理、数据完全保障、平台工具建设）和数据管理能力成熟度评估三个部分组成（见图 2-1）。

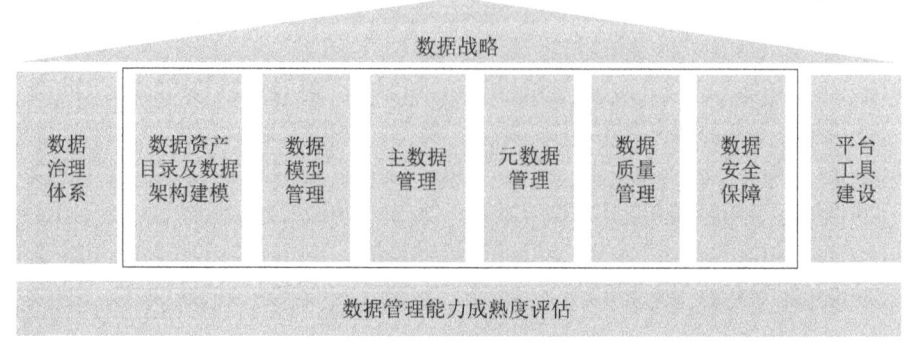

图 2-1 实施架构示意

2.1 数据战略

数据战略作为企业实现数据价值的核心蓝图，明确了数据管理的长远目标、宏伟愿景及其为企业带来的核心价值。它聚焦于优化数据的获取、存储、整合、共享及利用流程，旨在构建一个无缝衔接的数据生态系统，确保企业内所有数据资源能够轻松定位、高效使用、广泛共享并自由流动。在制定数据战略时，企业需深刻理解并紧密结合自身的业务愿景与战略规划，确保数据战略与业务战略同频共振、相互促进，共同推动企业不断向前发展，持续创造并释放数据的最大潜能与价值。

2.2 数据管理域

2.2.1 数据治理体系

数据治理工作的高效执行，关键在于构建适宜的工作组织架构，明确各角色的职责分工，确保数据治理活动的有序推进。这一组织框架需兼顾体系标准的构建与平台建设的初期任务，并在体系完善后转变为以持续数据治理为核心的常态化运作模式。具体而言，数据治理工作组不仅应负责制定并维护数据管理制度、标准及流程，还应促进跨部门的协同合作，推动数据资产的高效管理、流通与利用。通过这样的组织形态，企业能够构建一个稳定、持续优化的数据治理环境，确保数据价值的最大化实现。

2.2.2 数据管理活动

数据治理工作按照如下过程开展，鉴于多数数据治理工作以项目形式存在，本过程仅定义数据治理专业活动。

2.2.2.1 数据资产目录及数据架构建模

数据架构，其作为企业架构不可或缺的一环构成了数据系统的基础框架，明确了数据组件及其之间的相互关系，以及指导这些组件设计与演变的原则。广义而言，数据架构不仅涵盖了当前数据系统的状态描述，还涉及未来的设计蓝图、实施准则、架构文档，以及推动这些工作的专业团队。

在企业内部，数据资产目录是数据架构的具体体现之一，它详尽记录了组织拥有的各类数据资产，包括其来源、结构、用途及价值。这份目录不仅是对现有数据资源的梳理与汇总，更是后续数据架构建模的基石。

数据架构建模，则是在数据资产目录的基础上进一步规划数据的收集、存储、整合、流动与分布路径。这一过程中，数据需经过安全集成、准确记录、合理分类、有效共享，并生成高质量的报表与分析结果，最终服务于企业的利益相关方。为实现这一目标，数据可能需经历验证、增强、链接、认证、整合、脱敏处理及深度分析等环节，直至其生命周期结束，被妥善归档或清除。其中，企业数据模型是数据架构设计的关键组成部分，它为企业内部提供了一致的数据视角，明确了数据实体及其相互之间的联系、关键业务规则及属性，为所有数据相关项目奠定了标准与基础。任何项目级的数据模型都需遵循企业数据模型的设计原则，以确保数据的一致性与有效性。此外，数据流设计同样是数据架构建模的关键环节，它详细规定了数据库、应用程序、平台和网络等组件间的数据交互需求和设计框架。通过直观地描绘数据在业务操作、存储位置、业务角色和技术组件之间的流转路径，数据流设计确保了数据能够顺畅地流动并得到高效利用，从而为数据的流通和应用提供了坚实的基础。

综上所述，数据资产目录与数据架构建模共同构成了企业数据治理的基石，它们不仅提升了数据资产的可见性、可控性与价值性，还为企业数字化转型与业务创新提供了强大的数据支撑。

2.2.2.2 数据模型管理

数据模型管理作为企业数据架构的核心环节，强调构建涵盖企业全业务流程与规则的概念与逻辑数据模型的重要性。这些数据模型不仅需维持内部一致性，还应前瞻性地设计逻辑层面，确保支持数据的最小颗粒度存储，以灵活应对未来多样化的应用分析需求。在管理过程中，重点在于减少数据冗余，促进结构的灵活性与可扩展性，从而优化数据资源利用，为企业的数据驱动决策奠定坚实基础。

2.2.2.3　主数据管理

主数据管理是企业信息化建设中的核心环节，它聚焦于关键业务对象的精准描述与高效维护。这一管理策略不仅确保了数据在系统内的准确性、一致性和可用性，还为企业级的应用集成、决策分析及数据仓库建设奠定了坚实基础。以下是主数据管理应遵循的几项关键原则。

唯一性识别。在主数据管理框架内，每个业务对象必须拥有唯一的标识符（如代码、名称或特征组合），这一原则跨越系统边界，确保整个企业范围内的相同主数据实体能够准确无误地被识别与区分。这对于清晰界定业务范畴、优化资源分配及促进业务流程的精确执行至关重要。

特征一致性保障。随着企业业务扩展与系统集成度的提升，主数据在不同应用与平台间的共享与交互日益频繁。为保障数据的有效利用与分析，主数据的核心特征必须在所有相关系统中保持高度一致。这不仅简化了跨系统操作的复杂性，也为企业层面的数据标准化与规范化管理提供了可能，进一步推动了数据治理水平的提升。

交易稳定性维护。主数据作为业务操作的基石，其识别信息与关键特征在交易过程中往往被频繁引用、继承或复制。因此，确保主数据模型在交易流转中的稳定性尤为重要。这意味着，除非主数据本身发生实质性变更，否则其属性不应受交易复杂性或持续时间的影响而发生改变，从而保障了数据的一致性和可信度。

长期有效性支持。主数据管理的长远目标在于支撑业务对象的整个市场生命周期，甚至超越其直接应用价值。这意味着，只要该业务对象在市场上仍具有活跃性或对比价值，相应的主数据模型就应在系统中保持活跃状态，持续为企业决策提供有力支持。这种长期有效性的维护，不仅有助于企业保持对市场动态的敏锐洞察，也为历史数据的追溯与分析提供了可靠保障。

2.2.2.4 元数据管理

元数据管理在统计数据生产与管理流程中扮演着至关重要的角色，它通过将统计制度、报表、指标、分组及目录等关键元素转化为统计元数据，实现了对统计生产过程中各类实体数据的精确定义、全面描述与深度解释。这一管理策略不仅提升了数据的一致性和可理解性，还促进了统计数据的标准化与高效利用。

在企业层面，构建统一的元数据管理标准是推动数据治理现代化的重要举措。这一标准致力于对实体数据的本质属性、内容范畴、当前状态、覆盖范围、数据质量、表现形式、数据源头、计算方法、空间与时间参照系、管理模式等关键描述要素进行统一规范与明确定义。通过这样的标准化管理，企业能够确保元数据的一致性和准确性，为数据的采集、处理、存储、分析及共享提供坚实的支撑。

元数据管理的核心在于提升数据的可发现性、可访问性、可理解性和可重用性。通过标准化的元数据描述，企业能够轻松识别并定位所需数据资源，促进跨部门、跨系统的数据共享与协作。同时，元数据还为企业提供了数据质量的监控与评估手段，有助于及时发现并解决数据问题，确保数据的完整性和准确性。因此，元数据管理不仅是统计数据生产与管理流程中的关键环节，更是企业实现数据驱动决策、提升核心竞争力的重要基石。通过构建完善的元数据管理体系，企业能够充分挖掘数据价值，为业务创新与发展提供有力支持。

2.2.2.5 数据质量管理

在数据驱动的时代，数据来源的广泛性不可避免地带来了数据质量上的挑战，包括空值、重复项及各类"垃圾数据"的涌现。为应对这一挑战，数据质量管理成为企业不可或缺的核心能力。数据质量管理旨在通过系统化的方法，对企业内部的数据进行全面而深入的质量检查，精准识别并定位问题数据，为后续的数据清洗与整改工作奠定坚实基础。

数据清洗作为数据质量管理的关键环节，通过一系列技术手段与业务逻辑，有效去除或修正数据中的错误、异常及不一致项，确保数据的准确性、完整性和一致性。这一过程不仅提升了数据的可用性，更为后续的数据分析、决策支持及业务洞察提供了可靠保障。

此外，数据质量管理还强调通过例外排查机制，对特殊或难以通过常规手段处理的数据问题进行深入探究与解决，确保数据质量的持续提升。同时，定期出具数据质检报告不仅是对数据质量现状的客观反映，也是向企业内部各业务部门传递数据质量重要性的有效方式。

为了进一步推动数据质量的持续优化，数据质量绩效考核机制的引入显得尤为重要。通过将数据质量纳入业务部门的绩效考核体系，可以有效激发各部门对数据质量的重视程度，促进人员培训与业务管理的加强，形成数据质量管理的良性循环。

综上所述，数据质量管理是企业数据治理的重要组成部分，它通过问题识别、数据清洗、例外排查、报告出具及绩效考核等一系列措施，全面提升企业数据质量，为企业的数字化转型与可持续发展提供坚实的数据支撑。

2.2.2.6 数据安全保障

①采用加密等技术手段对涉及的隐私信息进行防护。
②对用户的数据访问权限进行细粒度的控制管理，实现数据权限控制。
③提供隐私数据的配置服务，为隐私数据的转化服务提供识别依据。
④为数据治理相关环节提供隐私信息的去隐私化或还原服务。
⑤对数据治理各环节所产生的日志记录进行获取并整理。
⑥为用户的应用功能访问权限的控制管理提供服务。
⑦对后台的离线文件导出行为控制提供数据文件的加密服务。

2.2.2.7 平台工具建设

数据治理工作需要依赖数据治理平台和工具开展，并通过数据治理平台和工具实现数据治理成果的统一管理、持续迭代和版本管控。数据治理平台工具建设的关键活动包括：数据治理平台工具选型、安装部署；数据治理平台的配置和标准固化；数据治理平台使用和成果管理。

2.3 数据管理能力成熟度评估

GB/T 36073—2018《数据管理能力成熟度评估模型》作为我国数据管理领域的权威国家标准，为企业提供了一个全面审视自身数据管理能力的框架。通过实施这一评估模型，企业能够深入剖析其数据管理能力的现状，精准识别在数据战略、数据治理、数据架构、数据质量、数据安全等维度上存在的具体问题与挑战。评估过程不仅帮助企业明确了自身在数据管理能力建设上的强项与弱项，还通过行业对标，让企业直观感受到自身与业界平均水平乃至领先者之间的差距，从而激发其持续改进的动力。基于评估结果，企业能够系统总结关键发现，这些发现不仅揭示了数据管理中亟须解决的问题，还为企业指明了未来数据管理能力提升的方向。更重要的是，数据管理能力成熟度评估促进了企业内部对数据价值的重新认识与重视，增强了全员的数据管理意识。它为企业制定有针对性的数据管理策略、优化数据流程、提升数据质量与安全水平提供了坚实的理论依据与实践指导，助力企业在数字化转型的浪潮中构建竞争优势，实现可持续发展。

2.4 持续数据治理

体系标准和平台工具的建设仅仅是数据治理能力的形成，企业需要开展持续数据治理工作。持续数据治理工作包括如下几项关键活动。

①存量数据治理。
②增量数据治理。
③新增数据源注册及检查。
④定期数据架构及模型遵从评估。
⑤定期数据标准符合性检查。
⑥定期数据质量评估和整改。

2.5 数据治理体系改进

数据治理体系的持续改进，是一个基于长期实践积累与经验总结的循环过程，它要求企业不断审视并动态调整数据治理的组织架构、运作流程、标准规范及技术工具，以适应数据环境的快速变化和企业战略的演进。在此过程中，企业应紧密围绕自身的数据战略，定期展开对数据治理体系运行效能与效率的全面审查。这一审查不仅聚焦于当前体系的有效性与合规性，更深入挖掘其潜在的优化空间与改进方向。通过这一过程，企业能够及时发现并解决数据治理中的瓶颈问题，确保数据资产的高效利用与价值最大化。

为了进一步推动治理体系的持续改进，企业应积极策划并实施过程改进活动。这些活动旨在引入新的管理理念、优化现有流程、提升标准规范的适用性，以及采用更加先进的数据治理工具。通过这些措施，企业能够不断提升数据治理的成熟度与灵活性，确保数据治理体系始终与企业的发展需求保持同步，为企业的数字化转型和业务发展提供强有力的支撑。

第 3 章

企业数据治理实施方法

▶▶ 3.1 数据治理实施原则

数据治理应遵从如下实施原则。

①系统性原则。数据治理是企业级 IT 治理过程，不从属于任何单项系统建设，其治理对象是企业整体的数据空间，而非单个的系统对象或者数据中台。

②持续性原则。数据治理体系标准、工具平台等能力建设可以是一次性的，但数据治理工作是持续性的，因为治理对象是动态变化的，因此，数据治理工作也是动态响应的。

③实用性原则。数据治理的效果需要考虑短期效果和长期效果的综合考量，以适应企业管理层对数据治理工作的经济性评价要求。

3.2 数据治理顶层设计

3.2.1 概述

企业需要不断深化数据治理的广度与深度，聚焦于数据价值的深度挖掘与高效利用，同时致力于数据质量的显著提升。在此过程中，精准识别并解决管理实施中的难点与痛点，特别是要增强业务部门在数据治理中的主动性与参与度，成为构建全面数据治理管理体系的关键一环。为实现这一目标，企业应系统梳理各业务部门的职责边界，在数据治理领域明确其角色与任务，确保数据治理工作能够跨部门协同推进。同时，针对各类数据资产，企业应建立统一、规范的标准体系，以标准化引领数据资产的高效管理与利用。在此基础上，优化并统一数据资产管理流程，通过搭建先进的数据资产管理平台，实现数据资产的集中化、可视化与智能化管理。此外，企业还需制定并完善数据资产管理的相关规章制度，为数据治理工作提供坚实的制度保障。同时，建立专门的数据资产管理组织，负责统筹协调数据治理的各项工作，确保数据治理战略的有效落地。

通过上述努力，企业将逐步构建起以数据为核心、以治理为驱动的文化氛围，提升全员对数据及数据质量工作的重视程度。在这个过程中，特别要加强业务部门在数据管理过程中的深度参与，确保数据治理工作能够真正融入日常业务流程之中，成为推动企业高质量发展的核心动力。

顶层架构规划与设计应遵循但不限于以下几个指导原则。

①统一性原则。企业数据治理规划应秉持统一性原则，紧密围绕整体业务与信息化战略目标，全面融入并协调企业信息化建设全局，实现统一规划与设计，确保数据治理与企业发展同频共振。

②实用性原则。以实用性为核心，数据治理体系规划应紧密贴合业务运营与经营管理的实际需求，确保每一环节都围绕解决实际问题展开，打造既贴合实际又高效可行的管理体系，为上层创新应用奠定坚实基础。

③标准化原则。企业数据治理应恪守标准化原则，依据实际需求定制体系标准与规范，明确总体目标，统一规划路径，确立交互准则，分步实

施，确保体系建设标准化、有序化推进。

④开放性原则。企业数据治理规划应拥抱开放标准，前瞻未来应用需求，确保体系具备可扩展性与兼容性，助力业务平稳演进，无缝对接新技术，避免重构成本。

⑤易推广性原则。企业数据治理体系规划需兼顾现有信息化基础，秉承先进实用理念，注重易推广性，降低实施难度，配套可行策略与方法，促进体系顺畅普及。

⑥安全性原则。企业数据治理规划严守安全性原则，遵循信息安全与等级保护规范，运用技术强化数据安全，提升风险识别与应对能力，构建坚固的防灾抗毁防线。

顶层设计主要分为现状及需求分析、数据资产顶层规划、数据治理实施路径三大阶段（见图3-1）。

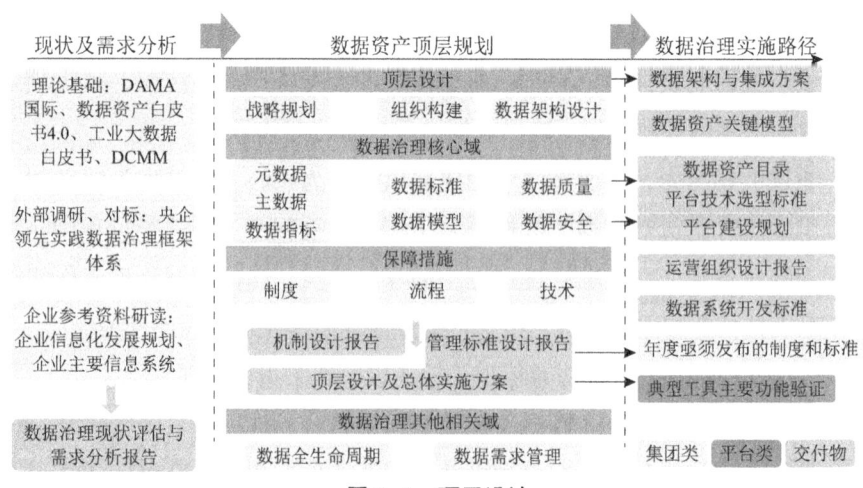

图 3-1 顶层设计

（1）现状及需求分析

①理论基础：国际数据管理协会（DAMA）、数据资产白皮书4.0、工业大数据白皮书、数据管理能力成熟度评估模型（DCMM）等。

②外部调研、对标：央企领先实践数据治理框架体系等。

③企业参考资料研读：企业信息化发展规划、企业主要信息系统等。

（2）数据资产顶层规划

①顶层设计：数据战略规划、组织构建、数据架构设计。

②数据治理核心域：数据标准、数据模型、数据质量、数据安全、数据指标、主数据、元数据。

③保障措施：制度、流程、技术。

④数据治理其他相关域：数据全生命周期、数据需求管理。

（3）数据治理实施路径

数据治理实施路径包括数据架构与集成方案、数据资产关键模型、数据资产目录、平台技术选型标准等。

3.2.2 实施方法

实施企业数据治理顶层设计，首要任务是深入研究国内主流数据治理框架，并全面调研企业当前数据资产管理状况，编制详尽而可靠的现状分析报告作为基石。然后，紧密结合企业的行业特性与具体业务场景，将焦点对准数据资产管理，精心构建顶层设计与体系规划蓝图。在此过程中，需清晰界定各阶段的实施目标与任务，确保规划既具前瞻性又具可操作性。最后，通过有序推进规划落地，形成一套完整且切实可行的公司数据资产管理实施方案，为数据治理工作的顺利开展提供坚实支撑。

国内数据治理理论的发展脉络是从通用体系/模型、单一领域体系、数据管理（治理）完整理论到行业实践框架，具体内容如图3-2所示。

3.2.2.1 数据治理核心领域设计

数据治理核心领域设计（见图3-3）涵盖数据服务、数据标准、元数据、主数据、数据质量、数据安全的数据生命周期管理等内容。数据治理体系的关键组成部分，一是数据质量，涉及数据的准确性、完整性、一致性等关键属性；二是保障机制，包括了监控、评估和改进数据质量的流程和IT技术等。这两方面相辅相成，共同构成了一个全面的数据治理框架。

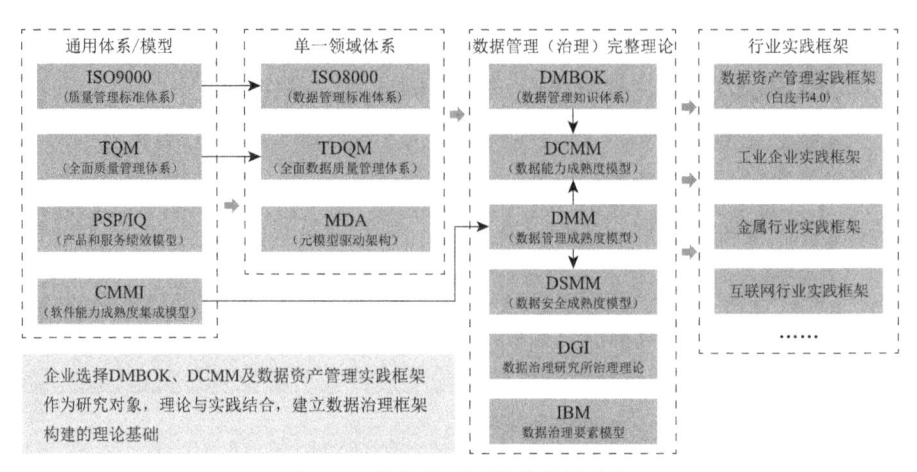

图 3-2 数据治理理论的发展脉络

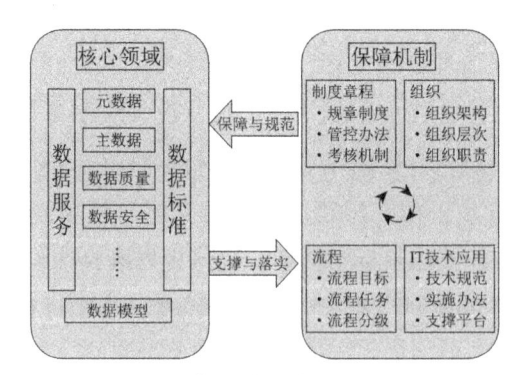

图 3-3 数据治理核心领域设计

（1）核心领域

为了高效地管理和利用信息资源，建立一个全面的数据治理体系是至关重要的。这个体系通常包括以下几个关键组成部分。

①数据治理组织：负责制定数据治理的策略、制度和流程，确保数据治理工作的有效执行。

②数据架构管理：涉及数据模型、数据流和数据存储的设计和管理，以支持数据的整合和共享。

③主数据管理：对企业核心数据进行统一管理和维护，确保数据的一致性和准确性。

④数据质量管理：监控、评估和改进数据的质量，以提高数据的可靠性和可用性。

⑤数据服务管理：提供数据服务，支持数据的访问、分析和应用，以满足业务需求。

⑥数据安全管理：保护数据免受未经授权的访问、泄露、篡改或破坏，确保数据的安全性。

这些组成部分相互关联，共同构成了一个有机的数据治理体系，为信息资源的有效管理提供了坚实的基础。通过这个体系，可以确保数据的质量和安全，支持业务决策和运营，从而推动组织的数字化转型和创新发展。

（2）数据模型

数据模型，作为数据架构的基石，其核心地位不言而喻，它涵盖了概念模型与逻辑模型两大支柱，是数据治理策略中的关键环节。一个优化的数据模型，其精髓在于非冗余性、稳定性、一致性和易用性的完美融合。这其中，逻辑数据模型尤为关键，它不仅需要全面覆盖企业的业务领域，成为企业数据生态的蓝图，还需要精准捕捉并记录每一个关键数据元素及其动态变化轨迹。更重要的是，逻辑数据模型能够巧妙地运用数据元素间的限制条件与复杂关系网络，将这些业务逻辑以结构化的形式呈现出来，从而深刻揭示并强化企业的业务规则。这一过程不仅提升了数据的透明度与可理解性，更为数据的有效利用与治理奠定了坚实的基础。因此，构建并持续优化数据模型，是确保企业数据资产价值最大化、推动业务决策智能化转型的必由之路。

（3）数据标准

从数据标准的视角来看，数据治理的需求可明确划分为基础性标准与应用性标准两大范畴。基础性标准，其作为数据治理的基石，旨在构建跨系统间的信息共通桥梁，确保不同系统间能够形成对信息的统一理解与参照框架。其包括数据分类与编码标准的制定，以规范数据的分类体系与标识方法；数据字典的建立，为数据元素提供权威解释与定义；数字地图标准的制定，为数据空间布局与导航提供标准化依据。这些标准共同构成了数据治理的底层逻辑，为信息的有效汇集、交换及应用奠定了坚实基础。

（4）数据服务

数据服务管理聚焦于企业内部累积的宝贵数据资源，致力于探索这些数据的最大化利用途径，以驱动行业业务流程的分析与优化。其核心在于构建一个高效的数据服务体系，该体系不仅涵盖数据的深度加工与多维度分析，还通过丰富的报表工具与数据挖掘技术，精准洞察运营层面的关键问题，进而提出管理服务的优化策略。为实现这一目标，数据服务管理强调建立统一的数据服务平台，让该平台成为跨部门、跨系统数据应用的桥梁与纽带。通过整合并统一数据源，该平台成功地将原本分散的数据孤岛汇聚成单一、强大的数据源，极大地加速了数据的流转速度，降低了数据获取与处理的复杂度，显著提升了数据服务的效率与响应速度。

（5）元数据

元数据，作为数据资源目录与数据资产地图的核心要素，其重要性在企业数据管理中尤为凸显。在企业这一复杂环境中，元数据类型繁多、形态多样，是连接数据资产与实际应用的关键桥梁。通过实施数据资产的集中管理策略，元数据不仅得到了有效的整合，还获得了更为便捷的使用途径，从而极大地释放了企业信息资产的价值潜力。

具体而言，元数据通过用户数据视图、查询功能等多样化形式，精准对接了具体人员与部门对元数据细节信息的深度需求。这种个性化的使用方式，使得元数据能够深入业务一线，为各项工作的顺利开展提供强有力的数据支撑。然而，对于高层管理人员而言，其关注点往往更为宏观，需要快速把握数据资产的整体概况。此时，数据资产地图便成为不可或缺的工具，它以全局视角对海量信息进行归并、整理，直观展现数据量、变化趋势、存储分布及整体质量等关键指标，为数据管理部门及企业决策者提供了高效、精准的决策依据。

元数据在数据治理中扮演着至关重要的角色，它既是数据资产精细化管理的基础，也是推动数据价值最大化的关键。通过不断优化元数据管理策略，企业能够更好地驾驭数据资产，为业务创新与发展注入源源不断的动力。

（6）主数据

主数据管理聚焦于企业核心数据的整合与共享，旨在从纷繁复杂的部门业务系统中提炼出最具价值、亟须统一管理的数据实体——即主数据。这一过程不仅是对数据质量的严格把控，更是确保数据权威性与一致性的关键步骤。主数据，其作为企业的数据基石，通过集中化的管理方式，被赋予了统一、完整、准确的特性，进而以高效的服务形式无缝对接至企业内部各类操作型与分析型应用系统中，满足多元化、深层次的业务需求。

（7）数据质量

数据质量，作为数据仓库及分析型信息系统效能的基石，其重要性不言而喻。低劣的数据质量往往导致系统表现远低于预期，直接关乎此类信息系统的成败。数据资源，作为企业的战略资产，其品质直接影响着企业决策的精准度与竞争力。因此，确保数据质量不仅是技术挑战，更是企业战略层面的必修课。

数据质量管理是一个多维度、全方位的过程，涵盖绝对质量与过程质量两大核心领域。绝对质量聚焦于数据本身的固有属性，包括真实性、完备性和自治性，这些属性是数据可信度的根本保障。而过程质量则侧重于数据在生命周期中的各个环节，具体细分为使用质量、存储质量和传输质量。使用质量强调数据的正确应用，即便数据本身准确无误，若使用不当，亦无法得出有价值的结论，体现了数据价值实现的最后一千米挑战。存储质量关乎数据的安全与便捷性，确保数据能在需要时迅速、安全地访问，是数据持久化的关键。传输质量则聚焦于数据流通的效率与准确性，保障数据在跨系统、跨地域传输中的完整与高效，是数据互联互通的重要基础。

综上所述，数据质量管理是提升企业数据资产价值、增强决策科学性的必由之路。通过全面优化数据的绝对质量与过程质量，企业能够更有效地利用数据资源，驱动业务创新与持续增长。

（8）数据安全

数据安全，作为企业信息安全领域的核心议题，其重要性尤为凸显，特别是在企业关键与敏感信息高度集中于应用系统的背景下。确保数据免受泄露与非法访问的威胁，是数据安全管理的首要任务与核心使命。数据安全管理的核心在于全方位守护数据在保存、使用及交换三大关键环节的安全。具体而言，这涉及多个维度的防护策略：首先，强化数据使用的安全性，确保数据在合法、合规的框架内被有效利用；其次，重视数据隐私保护，防止个人或敏感信息被不当泄露；再者，实施访问权限的统一管理，通过精细化的权限控制机制，防止未经授权的数据访问；同时，建立健全审计与责任追究体系，为数据安全事件提供追溯与问责的依据；此外，还需要制定并执行严格的数据安全制度与流程，为数据安全管理工作提供制度保障；最后，在应用系统层面，加强权限访问控制，确保系统操作符合安全规范，进一步巩固数据安全防线。

3.2.2.2　重视数据标准管理

数据标准管理组织，作为企业内部的关键架构，其设立彰显了企业对数据标准化工作的高度重视与坚定推进。这一组织体系旨在全方位、系统性地驱动数据标准化进程，确保企业数据资产的有序管理与高效利用。遵循数据资产管理组织体系的严谨框架，数据标准管理组织精心布局，层次分明。其中，数据标准决策层扮演着战略引领的角色，高瞻远瞩，为数据标准化工作设定方向与目标；数据标准管理部门则承担起执行与协调的重任，确保各项标准管理工作的有序开展与落地实施；而数据标准工作组作为一线行动力量，则要深入细致地推进具体标准的制定、审核与应用，将标准化理念贯穿数据管理的每一个环节。通过这样一个组织严密、职责明确的数据标准管理体系，企业不仅能够有效提升数据质量，促进数据共享与流通，还能够为业务决策提供坚实的数据支撑，推动企业数字化转型迈向新的高度。因此，重视数据标准管理，不仅是企业数据治理的必然要求，更是提升企业核心竞争力的关键举措。

数据标准决策层：作为企业数据标准化工作的最高权力机构，数据标准决策层的核心职责聚焦于战略规划与决策引领。该层级负责精心组织并制订企业数据标准的长远规划，确保数据标准体系与企业战略目标紧密相连；同时，它承担着审核与批准即将正式发布的数据标准的重任，确保每一项标准都经过严格评估，符合企业实际需求与行业最佳实践。

数据标准管理部门：作为企业数据标准管理的日常运作核心，其负责统筹协调数据标准的编制、维护与落地工作。该部门紧密联动业务与IT部门，共同制定详尽的数据标准并提交至决策层审核批准；同时，根据业务发展的实际需求，持续进行数据标准的优化与更新，确保标准的时效性与实用性。此外，该部门还负责引领数据标准的落地实施，组织跨部门协作，确保数据标准得到有效执行，为企业数据治理奠定坚实基础。

数据标准工作组：数据标准工作组汇聚了业务与IT领域的精英专家，是数据标准编制与落地实施的攻坚力量。在数据标准管理部门的战略指导下，该工作组专注于解决标准制定与推进过程中的具体业务难题与技术挑战，确保数据标准既符合业务实际，又具备技术可行性。通过跨领域的紧密合作，该工作组有效推动了数据标准的落地实施，为企业的数据治理工作贡献了专业智慧与实践经验。

建立企业数据标准框架体系，重点结合公司经营业务实际，从数据标准化的角度制定数据资产管理标准，包括基础数据标准、数据指标标准等的梳理，涵盖所有相关制度和流程的编制及发布。重要的流程制度如下所述。

(1) **数据资产管理办法**

构建全面的数据治理理论框架，旨在明确数据治理的管理组织体系与职责划分，通过统一规范各过程域的管理内容，强化数据资产的管控能力。这一举措旨在激活数据潜能，促进数据的高效运营与流通，从而深度挖掘并最大化数据资产的价值，为企业数据资产管理办法的实施提供坚实的支撑。

(2) **数据标准管理办法**

强化数据标准管理执行，规范流程以确保数据标准的一致性与准确性，其贯穿于企业各业务部门、中心、子（分）公司及其技术部门。此举旨在夯实数据应用基石，促进信息资源的无缝共享，全面推动数据标准管理办法的有效实施。

（3）主数据管理办法

强化主数据管理，规范流程，明确责任体系，构建涵盖标准化、质量与安全的全维度管理体系。此举旨在消除系统间交互障碍，促进重要基础数据的广泛共享与高效复用，确保业务运作基于真实、完整、一致且规范的数据基础，为数据管理和应用铺设坚实基石，全面践行主数据管理办法的核心价值。

（4）数据指标管理办法

为确保数据指标治理的高效推进，需确立清晰的数据指标管理组织体系与职责分工，并规范相应的管理机制与流程。通过这一体系，致力于实现信息化建设的体系化、规范化、指标化，量化管理信息化发展成效，实现有效监控。此举旨在不断提升信息化水平，为数据指标管理办法的深入实施提供有力保障。

（5）数据运维管理办法

构建全面的数据治理运维标准体系，确立清晰的数据运维管理组织架构与职责分工。该体系旨在规范数据采集、处理、存储等核心环节的日常运维流程，确保数据平台及服务的稳定高效运行。数据运维管理贯穿数据资产全生命周期，为相关人员提供明确的操作指南与制度依据，确保数据治理运维工作有序、高效进行，全面支撑数据运维管理办法的有效实施。

3.2.2.3 强化数据质量管理

为强化数据质量管理，深入研究并参考了DAMA数据管理框架及数据质量管理十步法等先进理论，同时广泛汲取行业实践精华。通过细致的现状调研与资料分析，深刻洞察企业数据管理的现状、面临的挑战及未来需求。基于此，精心设计了一个紧贴企业实际的数据质量管理框架，旨在全面提升数据质量，为企业决策提供坚实的数据支撑。

（1）管理组织

在管理组织构建上，数据质量管理应与数据治理体系保持同步发展。

建议数据质量管理组织架构紧密遵循数据治理体系的设计原则，分为决策管理层、组织协调层与执行层三级架构。其中，决策管理层由数据治理委员会担当，其职责可由网络与信息安全领导小组兼任；组织协调层则设立数据治理办公室，由网络与信息安全领导小组办公室代为履行其职责；执行层则广泛覆盖业务部门（含数据主题管理、使用及录入部门）、下属单位及信息部门，共同协作推进数据质量管理的有效实施。

（2）数据质量相关管理制度

为将数据质量管理的核心理念与工作内容深度融入企业既有制度管理体系，应致力于构建一套全面的数据质量相关管理制度框架。该框架从办法、细则及流程模板三个维度出发，精细规范企业内部质量管理流程与行为，确保数据质量管理的标准化与规范化。该框架不仅是数据质量保障的核心支撑，还需与公司现有的数据管理制度规范及细则保持高度一致，既遵循既定标准，又针对质量管理特性进行精准细化和优化，从而激发组织活力，保障数据管理工作的持续高效运转。

其一，办法。在构建数据质量管理的办法体系时，聚焦于三大核心要素：章程、管控办法与考核机制。其中，章程作为基石，明确规定了数据治理的宏伟目标、关键角色及其职责分工、决策权限及成效评估标准。管控办法则是这一框架下的行动指南，它巧妙融合了规章制度与实用工具，确保各项管理措施能够落地生根，具有高度的可操作性和执行力。考核机制则是保障制度有效执行的关键一环。应建立清晰明确的考核体系，专门针对数据治理领域制定考核办法并将其与个人绩效紧密挂钩，以此激励全体员工积极参与数据质量管理，确保各项制度得以不折不扣地执行。

以数据质量管理办法为例，该办法详尽阐述了数据质量管理的组织架构，明确了各参与部门的角色定位与职责范围，详细列出了数据质量管理的核心内容与实施步骤，并附带了详尽的流程和模板作为操作参考，为数据质量管理的全面开展提供了坚实的制度保障。

其二，细则。细则作为管理办法的深化与具体化，为数据质量管理提供了详尽的操作指南。例如，数据指标标准定义细则详细阐明了数据指标的界定原则与框架，对数据指标进行了科学分类，并逐一解释了各指标的具体属性，确保了数据指标的一致性和准确性。而数据质量管理细则则是针对数据质量管理各项工作的具体实施而制定的详细规范。它覆盖了数据管理的各个环节，从数据质量规则的管理到数据质量问题的处理，再到数据质量的监控与主动保障，以及数据质量的考核评估，均提供了详尽的管理实施细则。这些细则不仅为各部门在数据管理工作中的具体操作提供了明确指导，还促进了数据质量管理工作的标准化、规范化和精细化发展。

其三，流程和模板。流程管理与模板制订是数据治理的核心环节，它们紧密围绕数据质量管理的各项任务，旨在构建高效、规范的操作体系。首先确立明确的流程目标，其次细化为具体的流程任务，并通过流程分级实现精细化管理。这一过程严格遵循企业既定的数据治理规则制度，同时灵活融入选用的数据治理工具，以确保流程管理的实用性和高效性。

以数据质量管理为例，应精心设计一系列流程和模板，旨在全方位、标准化地指导数据质量管理的各项工作。这些流程和模板不仅明确了工作方法和步骤，还建立了问题管理、质量监控、质量分析等关键环节的具体流程并配套了相应的操作模板。从数据质量规则的制定到质量问题的发现、处理、分析及监控，每一步都有章可循、有据可依。

（3）**数据质量规则框架**

数据质量规则作为确保数据质量的核心基石，是实施数据校验、评估与考核不可或缺的前提。然而，基于对当前调研结果的深入分析，我们发现数据质量规则的梳理工作比较片面，主要聚焦于部分关键数据领域，而广泛存在的历史数据质量问题则构成了不容忽视的"欠账"。鉴于此，对数据质量规则的梳理进行系统化、规范化和模块化的重构显得尤为迫切，应构建一个全面而灵活的数据质量规则框架。该框架旨在覆盖数据的全生命周期，从源头到应用，确保每一环节的数据都符合既定的质量标准。通过引入模块化设计，数据质量规则框架能够灵活适应不同部门、不同业务场景的需求，实现规则的快速定制与扩展。这一框架不仅定义了数据质量的基本标准，还提供了清晰的规则分类与层级结构，便于各部门根据自身实际情况进行规则的选择与补充。

具体项目示例中，数据质量规则框架将详细列出各类数据质量规则的分类、具体内容、适用场景及校验方法,形成一套可复用、可维护的规则体系。这将为数据质量校验、度量与考核工作提供坚实的支撑,推动数据质量的全面提升。数据质量规则框架(项目示例)如表 3-1 所示。

表 3-1 数据质量规则框架

序号	属性	属性说明
1	数据质量标准编号	数据质量标准的唯一编号
2	数据标准标号	数据质量标准对应的数据标准项的标准编号,应当存在于数据标准中
3	数据标准名称	数据质量标准对应的数据标准项的标准中文名称,应当存在于数据标准中
4	数据质量标准描述	从数据质量标准评估维度分类角度展开,根据评估指标,对数据质量标准的内容进行描述
5	归口业务部门	数据质量标准的责任部门,负责指定、维护与解释。归口业务部门与人力资源部门保持一致
6	业务分类	数据质量标准的业务分类应根据业务属性与特征进行。参照同行实践经验,数据质量标准中的业务分类共包含 6 项,分别是:人力资源域、财务域、物资域、基建域、生产域、营销域
7	归属数据主题	数据质量标准衡量的数据对象对应数据域下划分的数据主题。与数据标准保持一致

(4)数据质量工作考核

数据质量考核作为数据质量管理制度与标准有效执行的关键保障,其重要性不言而喻。为持续提升各部门及单位的数据质量管理意识与能力,确保数据质量达到高标准,需要定期开展数据质量工作考核。考核应围绕两大核心维度展开:数据质量管理能力水平及数据质量健康水平。前者聚焦于评估组织与推进效率、制度建设完善度及工作流程的顺畅性,侧重于日常工作和业务过程的定性评价,由数据治理办公室统一实施,旨在全面审视各部门、单位的内部管理与执行能力;而后者,即数据质量健康水平则直接针对数据质量的结果进行量化考核,衡量各部门、单位实际达成的数据质量状况。这一维度为各业务部门提供了直观的数据质量评估工具，助力其精准定位数据质量问题，推动数据质量的持续优化与提升。

3.2.2.4 编制企业数据资产目录

编制企业数据资产目录是构建高效数据资产管理体系的首要任务，它旨在通过系统化的方法整合企业数据资源，实现数据的规范化管理与高效处理。这一过程不仅涉及对具体资源数据的元数据详尽描述，还促进了数据处理与管理的深度融合。基于对企业数据资产现状的全面调研，我们精心编制了数据资产管理目录。该目录作为数据分类与组织的基石，明确了基础数据的甄别标准与共享数据类型，确保了各部门间数据的合理分类与有序管理。通过这一目录，企业能够轻松实现数据的快速查询、精准追溯与高效共享，为跨部门协作与决策支持提供了坚实的数据基础。此外，数据资产管理目录还支持利用标准化的数据接口与多样化的图表展示工具快速定制各类数据资产应用，满足企业不同业务场景下的数据需求。同时，配合全面的数据资产评估机制，企业能够实现对数据资产的全生命周期管理、全流程监控与全景式展现，确保数据资产价值的最大化利用与持续优化。

（1）数据资产目录编制方法

下面，我们主要介绍业内两种常用的数据资产目录编制方法。

方法一：系统视角（见图3-4、图3-5）。以企业目前核心系统为主，数据资产目录主要参考系统功能模块进行划分，数据资产目录按系统数据主题、数据实体定义信息、数据实体分类信息、数据相关方信息、技术信息构建数据资产目录。

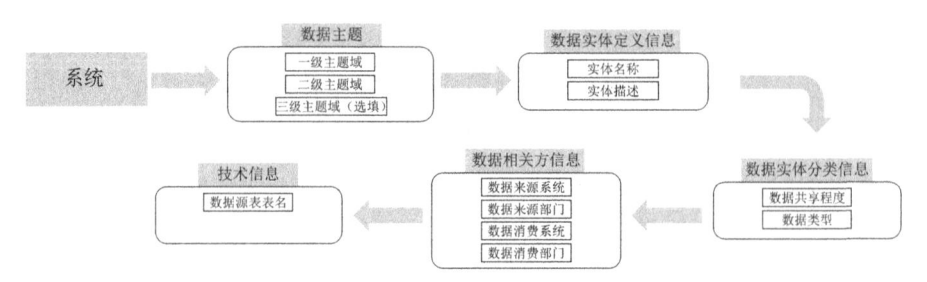

图3-4 数据资产目录编制方法 – 系统视角

大类		数据主题			数据实体定义信息		数据实体分类信息		数据相关方信息				技术信息
系统	一级主题域	二级主题域	三级主题域(选填)	实体名称	实体描述	数据共享程度	数据类型	数据来源系统	数据来源部门	数据消费系统	数据消费部门	数据源表名
党建管理系统	党员全生命周期管理	党员发展管理	入党申请管理	入党申请管理	入党申请管理	专有	交易数据	党建平台-党建管理子系统	党建工作部	党建平台	党建工作部	
⋮	⋮	⋮	⋮	⋮	⋮	⋮	⋮	⋮	⋮	⋮	⋮	
干部管理系统	干部信息管理	干部基础信息管理	干部信息采集	干部信息采集	干部信息采集	专有	交易数据	党建平台-干部管理子系统	人力资源部	党建平台	人力资源部	
⋮	⋮	⋮	⋮	⋮	⋮	⋮	⋮	⋮	⋮	⋮	⋮	
纪检管理系统	监察	监督检查	述职、述责、述廉	述职、述廉	述职、述廉	专有	交易数据	党建平台-纪检管理子系统	纪检监察部	党建平台	纪检监察部	

图 3-5 数据资产目录编制方法 – 系统视角（示例）

方法二：主题域视角（见图 3-6、图 3-7）。先构建全集团统一的数据主题域（通常可按照战略发展、业务运营、管理支持抽象一级主题域主题），把企业现有各系统按数据驱动方式划分各数据主题域，之后在抽象数据实体定义信息、数据实体分类信息、数据相关方信息构建数据资产目录。

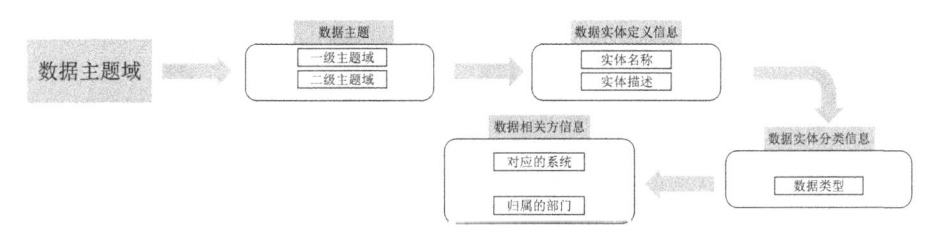

图 3-6 数据资产目录编制方法 – 主题域视角

数据主题		数据实体定义信息		数据实体分类信息	数据相关方信息	
一级主题域	二级主题域	实体名称	实体描述	数据类型(主/交易/指标/通用基础/生产)	对应的系统	归属部门
党建	党团人员管理	入党申请管理	对入党申请书及入党申请谈话记录材料等的管理	交易数据	党建平台-党建管理子系统	党建工作部
	⋮					
	党团组织建设	干部信息采集	对干部获奖情况、家庭成员等信息进行集中采集	交易数据	党建平台-干部管理子系统	人力资源部
	⋮					
	党组巡视	述职、述廉	领导干部述职、述廉报告等	交易数据	党建平台-纪检管理子系统	纪检监察部

图 3-7 数据资产目录编制方法 – 主题域视角（示例）

（2）数据资产目录可视化效果

从应用场景出发，搭建数据治理工具，建立数据资源开放目录，使数据关系脉络化、数据目录可视化。

（3）数据资产地图

构建数据资产地图，通过图形化可以实现数据资产全生命周期、全流程、全景式管理。数据资产地图展示如图 3-8 所示。

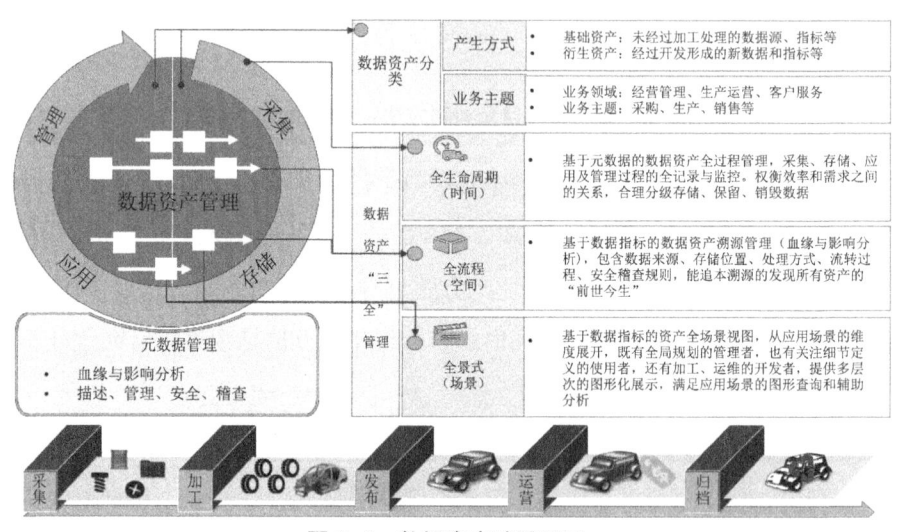

图 3-8　数据资产地图展示

3.2.2.5　规划数据治理平台

规划数据治理平台是重塑企业数据管理格局的关键举措，旨在构建统一的数据资产库，实现跨领域数据的整合与共享，打破"竖井式"管理壁垒。该平台将推动基础信息、安全、生产、经营、管理等业务信息系统的横向融合，建立企业级数据资产仓库与主数据管理平台，确保异构数据标准化、实时交换、深度共享与集中利用。同时，采用两级数据中心架构，以企业核心数据中心为核心，辅以各核心板块数据中心，建立高效的数据交换与共享机制，增强数据采集、存储的灵活性与灾备能力，全面保障总部数据资产的安全与可用性。

（1）构建统一的数据治理技术平台

构建统一的数据治理技术平台，以云和大数据为基石，实现对企业战略、管理、生产运营等全领域数据资源的集中管理，涵盖大数据平台与数据仓库的统一整合。该平台全面管理数据资源的业务价值、技术特性、权属关系及应用潜力，强化数据管控，优化数据生态，为企业日常运营、管理决策及战略规划提供坚实支撑，促进数据价值的最大化释放。同时，结合完善的治理组织、框架、标准、流程与审计机制，共同编织企业级数据管理体系网络，确保数据管理的闭环运作，推动数据治理迈向新高度。

（2）构建全域数据汇聚平台，支撑数据资产管理

构建全域数据汇聚平台，集数据仓库与大数据平台之力，实现公司数据的全面整合与汇聚。在此基础上，搭建数据治理平台，对公司数据进行系统性治理，确保数据质量与一致性。同时，利用数据资产管理功能，自动生成数据资产目录并通过资产地图实现可视化展示，为数据资产的清晰管理与高效利用奠定坚实基础。

（3）数据治理平台核心功能规划

规划数据治理平台，核心应聚焦于满足企业多元化的数据管理需求，集成数据标准、模型、元数据、资产、主数据、指标、质量、安全、交换服务及知识库等全方位管理功能。此平台旨在提升数据质量（确保准确性与完整性）、保障数据安全（强化保密性、完整性与可用性）并推动数据管理向自动化、流程化、体系化转型，以此确保基础数据的权威性、唯一性与精准性，为企业决策与运营提供坚实的数据支撑。

为实现数据治理总体目标，支撑数据管控工作，数据治理平台应具备如图3-9所示的功能。

（4）设计数据治理管理机制

设计数据治理管理机制，关键在于构建数据认责体系，成立专项管理组织，明确责任主体与各级组织职责、权限及人员配置。通过制定管理制度、绩效考核标准与流程规范，界定数据认责范畴并指定归口管理部门。此举旨在营造积极的数据文化与习惯，通过培训与宣贯，提升全员对数据治理价值的认知，强化数据资产作为公司核心资产的意识，推动数据治理机制的有效落地与实施。

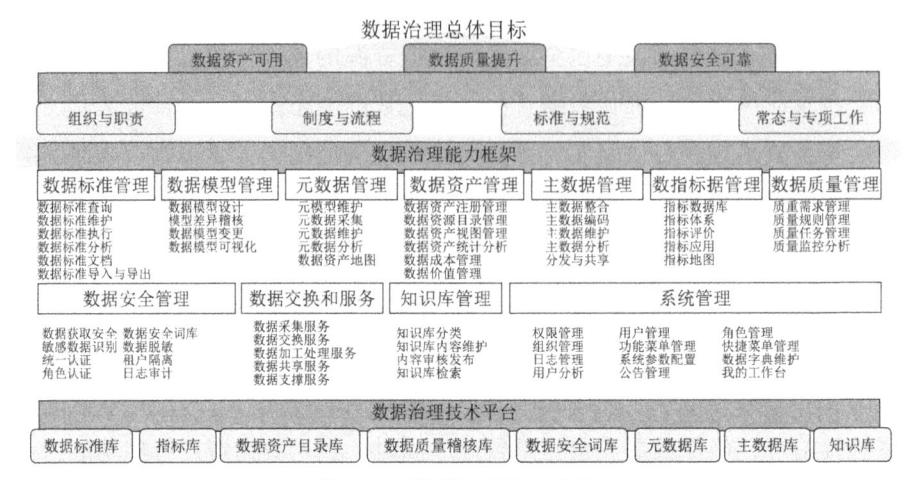

图 3-9 数据治理平台功能

（5）构建数据治理相关模型

构建数据治理相关模型，应融合先进稳定的模型算法，针对各专业及功能模块定制数据分析模型（如安全生产数据模型），驱动大数据应用展现模式的革新。通过集成平台精准汇聚并转换 ERP 及各专业系统内外关键数据至大数据仓库，实现多维度、即席式分析查询，并以图形、图表、表格等丰富形式直观展示，构建全面的业务视图，赋能数据治理的深入洞察与决策支持。

通过以上 5 个方面的规划与设计，推进数据资产持续增值，驱动企业数字化转型。数据改变传统的业务驱动数据建设方式，通过以数据为中心的运营思维和管理思维的创新应用，逐步实现数据驱动企业的业务创新、效益提升。

3.2.3 小结

顶层设计从企业数据需求分析、顶层架构总体设计、应用场景等验证三大阶段提供一个整体的视角，介绍了数据治理顶层设计的方法论和数据治理核心域之间的逻辑关系。从数据治理的核心域设计、如何提升数据标准、数据质量管理、如何编制数据资产目录、如何规划数据治理平台及数据治理相关配套机制等内容展开，系统阐述做好顶层设计需要关注的设计要点，为企业编制顶层设计提供方法论指导。

▶▶ 3.3 数据资产目录

3.3.1 概述

数据资产目录作为企业数据管理的核心框架，以"盘规治用"为核心理念，贯穿数据从产生到应用的全生命周期。它遵循"数据一个源"的原则，依托数据中台的技术支撑，旨在通过常态化盘点摸清数据家底，规范数据标准与管理制度，强化数据治理以提升数据质量，构建平台化支撑体系以推动数据的服务化应用。这一目录不仅使数据资源易于查找、理解且值得信赖，还促进了数据的开放共享，有效解决了企业中数据分散、来源复杂及不一致等难题。随着数据战略的深化，数据资产目录成为监督数据获取、转换、资产化、共享及隐私保护的关键工具，融合了传统管理智慧与新兴数据评估需求，确保了数据的可知性、可信性和可用性。通过业务驱动自上向下与盘点驱动自下向上相结合的设计思路，数据资产目录全面梳理企业业务价值链与数据资产，让隐藏的数据资源显现价值，为企业管理和业务创新提供强大动力。盘点驱动自下向上是指通过现状调研，盘点并提取源业务系统数据项，作为"果子"挂接到相应的目录"树"上，如图 3-10 所示。

图 3-10 数据资产目录构建思路

数据资产目录的构建是一个多维度、多视角的综合过程，旨在全面而精准地映射企业的数据生态。从业务人员角度出发，数据资产目录通过人、财、物、产、供、销等核心业务分类，确保数据的业务逻辑清晰，便于业务团队直接利用与决策支持。同时，从技术人员的视角出发，利用主题域如客户、交易、事件等逻辑组织数据，为技术开发和数据分析提供高效的数据检索与利用框架。

为了进一步提升数据资产目录的实用性和效率，标签系统的应用显得尤为关键。通过为数据资产打上部门、系统、密级等多样化标签，不仅简化了搜索和查询流程，还增强了数据的安全性与合规性管理。这一能力使得数据资产目录成为连接业务需求与技术实现的桥梁，促进了数据价值的最大化释放。

数据资产目录管理的高效运行离不开强有力的系统平台支持。利用先进的技术手段，如机器学习，可以自动化完成数据资产的盘点、分类与标签标注工作，确保数据资产目录的实时性与准确性。通过智能算法与业务术语的紧密结合，实现了数据语义的标准化与共享理解的促进，为跨部门、跨系统的数据协作奠定了坚实基础。

在全球隐私保护法规日益严格的背景下，敏感数据的识别与管理成为数据资产目录不可或缺的一环。通过构建千亿级样本库与百万级敏感词库，结合NLP技术与正则表达式等复杂模型体系，数据资产目录能够高效识别并标记敏感信息，确保数据使用的合法合规。同时，结合数据资产的业务敏感性与血缘关系分析，数据管理员能够精准控制数据访问权限，防止未经授权的访问，保障数据安全与隐私保护。

综上所述，数据资产目录作为企业数据治理的核心工具，通过多维度视角构建、标签化管理与智能化平台支撑，实现了数据资产的全面盘点、高效管理与安全利用，为企业数字化转型与业务创新提供了强大的数据支持。

在数据资产目录中收集数据资产清单，使数据使用者能够通过目录和标签快捷搜索到最能满足其需求的数据集。数据资产目录可用于共享不同类型的元数据，包括以下几种。

①描述源系统结构的物理元数据，如表和字段。

②描述语义信息的逻辑元数据，如数据库描述、数据质量评估和相关的数据管理策略。

③描述如何在各种业务场景中使用数据资产的行为元数据。行为元数据可能是最重要的，因为它可以自动洞察系统中的每个对象活性或者热度。

数据资产目录作为现代数据管理的基石，创新性地将传统元数据管理（涵盖业务术语表、结构化与非结构化元数据管理及数据血缘追踪）与先进的机器学习和人工智能算法深度融合。这一融合不仅简化了数据发现流程，还通过自动化元数据推断与精准度提升，显著增强了数据资产的透明度与可用性。数据资产目录以直观的方式呈现业务术语表、数据元素定义、数据血缘关系、数据质量评估及数据安全保障等关键信息，为用户绘制了一幅清晰的数据资产图谱，极大地简化了数据使用者在企业海量数据资源中的探索与利用过程。该目录实现了企业全域数据资产的统一登记与可视化展示，有效打破了部门间信息孤岛，避免了数据的冗余存储与重复抓取，促进了跨部门的数据共享与协同。这一机制不仅加速了底层数据资产的丰富与扩展，还极大地促进了数据资产在探索、应用与流通等环节的价值释放，为企业数据驱动的决策方案制订、业务创新及运营优化提供了强有力的支撑。简而言之，数据资产目录以其全面的功能整合与智能化的管理能力，重新定义了企业数据治理的边界，引领着数据资产管理与利用的新时代。

3.3.2　实施方法

编目的工作准备主要包括确定目录工作范围、确定目录组成、制订目录工作流程三个方面。

3.3.2.1　确定目录工作范围

在确立数据资产的编目工作范围时，应首先由企业高层领导发挥引领作用，携手业务部门的关键成员，共同界定工作边界。鉴于数据资产目录的核心价值在于支撑企业的核心业务运作，因此，参与该过程的子（分）

公司及部门选择应紧密围绕其是否为核心业务的关键贡献者。

为确保编目工作的细致入微与实效性，必须将工作范围细化至企业的日常业务活动之中，每一个具体的业务事项名称均被视为后续调查与目录编制工作的出发点。各参与单位需全面梳理各自领域的业务事项，汇总形成详尽的业务事项名称清单，这份清单将成为指导后续数据资产盘点与目录构建的基础框架。

在数据资产盘点阶段，应明确界定盘点范围（见图3-11），原则上聚焦于业务环节中由系统源端直接生成的基础数据表，以及终端应用中直接产生并用于业务决策的数据结果表。同时，需深入理解数据资产的概念范畴，确保盘点范围既全面覆盖关键数据资产，又避免不必要的冗余，从而精准划定数据资产目录的编制边界。这一过程旨在构建一个既精准又高效的数据资产目录，为企业数据价值的深度挖掘与广泛应用奠定坚实基础。

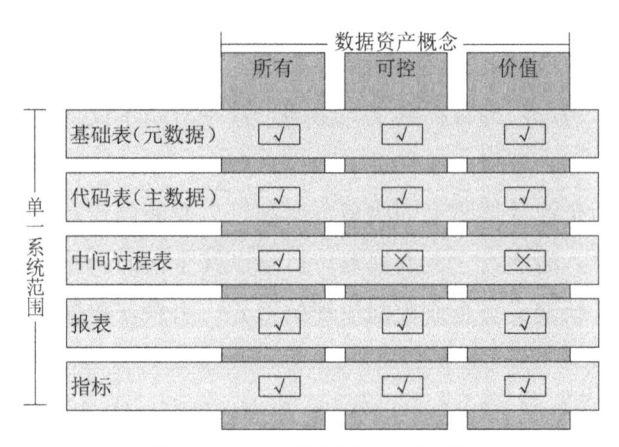

单一系统范围	数据资产概念	所有	可控	价值
	基础表（元数据）	√	√	√
	代码表（主数据）	√	√	√
	中间过程表	√	×	×
	报表	√	√	√
	指标	√	√	√

图3-11　企业数据资产盘点范围

根据数据资产概念，仅对该系统所有（拥有）的数据表进行盘点，调用其他系统的数据不进行盘点，如分析系统中调用的业务数据不进行盘点。

中间过程表由于具有临时性、变动性大的特点，不具备数据资产的可控性特征，而且大数据分析、应用价值不高，因此不进行盘点。

仅对业务系统和分析系统中的固定报表进行盘点，对于变化频率高、自定义的报表不进行盘点。

进行实际盘点工作时，可根据数据特征、数据应用场景、数据分析价值进行进一步识别。

3.3.2.2 确定目录组成

企业数据资产目录分为系统资产目录、元数据目录、指标数据目录、主数据目录、时序数据目录 5 种类型。其中，时序数据目录是企业的特色数据。

①系统资产目录：这是一份详尽的清单，记录了企业所有统一建设和自行开发的系统的基本资料。它为企业数据资产目录的建立提供了基础性输入。

②元数据目录：这个目录根据数据的分类，详细列出了数据元素的属性。它在数据共享和交换的过程中起到参考标准的作用。

③主数据目录：这个目录展示了企业各部门对外共享的数据信息，相当于各部门提供数据的模式清单。

④指标数据目录：这个目录展示了企业各部门对外共享的数据信息。在整理指标数据目录时，需要明确包括主题分类、指标名称、单位、定义、计算方法、分析维度和报告频率等关键要素。指标被分为基本指标和派生指标两大类，其中基本指标进一步细分为基础项指标和复合项指标。

⑤时序数据目录：这个目录专注于 KKS 编码体系，对测点相关信息和 KKS 树结构进行详细的盘点。

3.3.2.3 制订目录工作流程

数据资产目录制订工作分为以下三个阶段开展和推进，即数据资产目录标准宣贯培训、数据资产目录编制、数据资产目录汇总与展现。图 3-12 所示为目录制订工作的三个阶段（示例）。

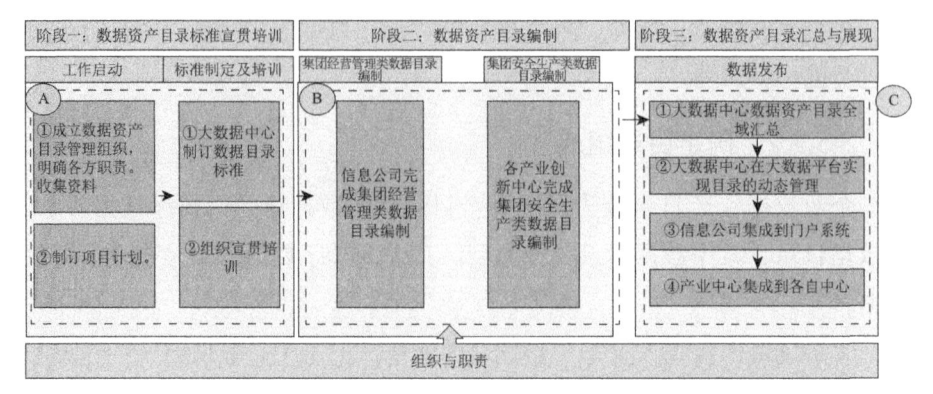

图 3-12　目录制订工作的三个阶段（示意）

3.3.3　小结

3.3.3.1　建立企业数据资产"三清单"

①建立数据资产目录清单，"应编尽编"，掌握数据全景。

②建立数据责任清单，明确责任主体，实现数据质量问题闭环管理。

③建立数据负面清单，实现开放是常态、不开放是特例，促进数据安全合规有序开放。

3.3.3.2　建立企业数据资产目录统一模板

集团总部完成集团经营管理类数据目录编制，各板块完成各产业数据资产目录编制。各板块以集团数据资产目录标准为基础，编制扩展各产业自己的数据资产目录，涵盖各自下属的二三级单位。

3.4　主数据管理

3.4.1　概述

主数据，作为企业核心业务实体的核心数据资产，涵盖了产品、物料、设备、供应商、员工等关键领域的信息。这些数据不仅承载着极高的业务价值，还具备跨部门、跨系统的通用性和复用性，是驱动企业运营与决策的重要基石。

在数据生态中，主数据代表着客观世界中的实体对象，它们以数据记录或实例的形式被精确表示和存储。这种表示方式确保了主数据能够准确反映实体的真实状态与属性，为企业的各项业务活动提供坚实的数据支撑。

主数据的权威性和准确性是其核心价值所在。在良好的管理框架下，主数据被视为企业内最可靠、最准确的数据源。这意味着，无论是哪个业务部门或系统，在需要引用或依赖这些数据时，都可以放心使用，无须担心数据的真实性和有效性问题。

为了确保主数据的权威性和准确性，企业通常会制定一系列严格的业务规则。这些规则不仅规定了主数据的格式标准，还明确了数据的取值范围、更新频率及维护责任等关键要素。通过这些规则的约束和执行，企业能够有效地控制主数据的质量，确保其在整个企业范围内的一致性和准确性。

3.4.2 实施方法

3.4.2.1 识别驱动因素和需求

识别主数据管理的驱动因素与需求时，每个组织都面临着独特的挑战与考量，这些因素深受其系统架构、使用年限、支撑的业务流程及数据应用模式的影响。驱动主数据管理实践的核心动力往往聚焦于优化作业流程、提升生产效率，以及降低与数据安全相关的潜在风险。这些动力促使企业寻求通过加强主数据管理来增强业务效率和数据安全性。然而，在实施过程中，企业也不可避免地会遇到一系列障碍。其中，系统间数据含义与结构的不一致性是显著难题之一，这种差异不仅增加了数据整合的难度，还可能引发数据误解和错误决策。此外，企业文化与部门间利益冲突也是不容忽视的障碍，即便全局性的流程改进对企业整体有利，个别业务部门也可能因成本考量而抵触变革。

从需求层面来看，相较于在单一应用程序内部定义主数据的需求，跨应用程序统一主数据标准的需求更为复杂且挑战重重。这要求企业不仅要考虑技术层面的整合，还需协调不同部门间的利益与需求，确保主数据标准的广泛接受与有效执行。

为了有效应对这些挑战并最大化主数据管理的效益，大多数组织倾向于采取分阶段、分领域实施的策略。根据改进建议的成本效益分析、主数据主题域的相对复杂程度等因素，对主数据管理工作进行优先级排序。通过从最简单的类别入手，逐步积累经验并扩大实施范围，企业能够更稳健地推进主数据管理项目，确保项目成功并为企业带来长期价值。

3.4.2.2 评估和评价数据源

在评估和评价数据源以支撑主数据管理工作的过程中，首要任务是深入理解现有应用中的数据基础，包括其结构、内容及数据的收集或创建流程。这一过程是构建稳固主数据管理框架的基石。评估的核心目标之一是通过细致分析现有数据的质量，进而优化元数据体系，确保主数据的准确性和可靠性。

评估数据源时，首先要关注的是数据的完整性，这要求对数据构成主数据的各个属性进行详尽的定义与粒度划分。在此过程中，数据管理员应与业务人员紧密合作，共同解决可能出现的语义歧义，确保属性命名的一致性和企业级定义的准确性。其次，数据质量评估是不可或缺的一环。鉴于数据质量问题可能严重阻碍主数据项目的顺利进行，评估过程必须深入探究数据问题的根源并制订相应的解决方案。一种稳健的做法是预设数据质量可能不高，持续、系统地评估数据质量及其与主数据环境的适配性，形成常态化的管理机制。面对数据源之间的显著差异，评估工作尤为复杂。即便单个数据源内部数据质量上乘，由于结构差异和相似属性表示方式的多样性，数据整合仍面临巨大挑战。因此，主数据计划需要把握机会，在应用程序中定义并实施统一的数据标准，以消除这些障碍。对于特定类型的主数据实体，如地理信息数据，购买标准化数据成为一种可行的选择，这不仅能加速数据管理进程，还能提升数据质量。此外，利用公共服务提供的高质量数据（如天气预报数据）与组织内部数据进行比对，也是改善数据质量的有效途径。最后，评估数据源还需要考虑支持主数据管理工作的输入采集技术。现有技术的状况将直接影响主数据管理的架构设计和方法选择，因此，全面了解并评估这些技术因素，对于制定合理的数据管理策略至关重要。综上所述，评估和评价数据源是主数据管理工作的关键环节，它要求对数据质量、完整性、技术可行性等方面进行综合考虑，以确保主数据管理的成功实施。

3.4.2.3　定义架构方法

定义主数据管理的架构方法是一个多维度考量的过程，它紧密关联于企业的业务战略、现有数据源平台的特性及数据本身的属性，如数据血缘、波动性及对延迟的敏感性。这一架构的核心在于构建一个既能满足数据消费需求又能促进数据共享的高效模型。

在确立架构方法时，首要任务是明确数据管理与维护的具体策略，这些策略将直接指导工具的选择与应用。工具不仅是实施方法的载体，其设计与配置也需要紧密贴合既定的管理框架。策略和工具相辅相成，共同确保主数据管理的有效性与可持续性。

整合方法的抉择是架构定义中的关键环节。它要求企业根据源系统的数量、平台需求、组织规模及地域分布等因素综合考量。对于小型组织而言，交易中心模式可能因其简洁高效而成为首选；而全球性、多系统的大型组织则更倾向于采用注册表模式，以实现更为复杂和灵活的数据整合。对于那些既有孤立业务部门又拥有多样化源系统的企业，综合方法可能是最佳选择，它允许企业根据具体场景灵活调整策略。

在数据共享中心架构的构建上，特别是在主数据缺乏明确记录系统的情况下，其重要性尤为凸显。该架构旨在促进多系统间数据的无缝流通与融合，通过中央化的数据仓库或数据集市中转主数据，简化数据提取流程并加速数据转换、修复与融合的效率。同时，为确保数据的完整性与可追溯性，数据仓库需记录数据共享中心的所有变更历史，而数据共享中心则专注于反映实体的当前状态，以满足实时性需求。

3.4.2.4 主数据建模

主数据管理本质上是一个精心策划的数据整合过程，其核心在于通过构建统一的数据模型来确保数据的一致性与准确性，并为企业在不断发展过程中高效整合新资源奠定坚实基础。为了实现这一目标，主数据建模成为不可或缺的关键环节。在数据共享中心的主题域内，需要精心定义逻辑或规范模型，这些模型不仅界定了主题域中各个实体的企业级标准，还明确了它们之间的关联属性与数据规则。通过这样的建模过程，能够确保数据的完整性、一致性和可重用性，为企业级的数据治理与决策提供强有力的支撑。因此，主数据建模是主数据管理中至关重要的一步，它直接关系到数据整合的成败及企业数据资产的整体价值。

3.4.2.5 定义管理职责和维护过程

在定义主数据管理的职责与维护过程时，技术解决方案虽然能在主记录标识符的匹配、合并与管理上发挥显著作用，但管理工作同样不可或缺。这一过程远不止于技术操作的自动化，更需要深入至数据质量维护与流程优化的层面。管理职责包括识别并修复因技术处理而可能遗漏的记录，更重要的是，要系统性地审视并改进那些导致数据遗失的根本原因与流程缺陷。为确保主数据持续保持高质量，项目团队需要配备相应资源，专注于对记录进行深入分析，不仅为了即时的错误修正，还要通过向源系统提供反馈，为流程优化提供洞察。此外，这些分析结果应成为调整和完善驱动主数据管理解决方案算法的重要依据，形成一个闭环的、持续改进的维护机制。因此，定义清晰的管理职责与维护过程是确保主数据管理系统有效运行并持续优化数据质量的关键所在。

3.4.2.6 建立治理制度，推动主数据使用

建立主数据项目的治理制度是一项初期极具挑战但至关重要的任务，它要求团队投入大量精力以确保项目的顺利启动与持续成功。一旦这一制度得以确立并被工作人员及系统接纳，主数据的真正优势（提升运营效率、保障数据质量、优化客户服务）将逐渐显现。为了充分发挥主数据的潜力，

必须制订详尽的路线图，明确指导各个系统如何将主数据值及其标识符无缝集成至业务流程之中。同时，构建系统间的单向闭环机制、确保数据值的一致性与同步更新是维护数据完整性和可靠性的关键。因此，通过建立科学的治理制度并积极推动主数据在企业内部的广泛应用，不仅能够促进业务流程的优化与效率的提升，还能为企业的长期发展奠定坚实的数据基础。

3.4.3 小结

3.4.3.1 遵循主数据架构

遵循一个恰当的参考体系架构，对于有效管理和跨组织共享主数据而言，其重要性不言而喻。在构建和整合主数据管理方案时，必须深刻考虑企业的组织架构特点、记录系统的多样性、数据治理策略的实施状况、数据访问时效性的需求，以及广泛的数据使用系统和应用程序的兼容性。这一架构的确立，旨在确保主数据的统一性、完整性和可用性，同时促进数据在不同部门和系统间的无缝流动。因此，遵循主数据架构不仅是技术层面的要求，更是企业实现数据驱动决策、优化业务流程、提升竞争力的战略选择。

3.4.3.2 检测数据流动

在设计主数据整合流程时，核心目标在于构建一个高效的系统，以确保数据能够在组织内部得到及时的提取与分发。尤为重要的是，当数据在主数据共享环境中流动时，必须实施严密的监控机制来跟踪这些数据流。这一过程不仅关乎数据的即时性与准确性，还直接影响到数据使用的效率和决策的有效性。通过检测数据流动，能够及时发现并解决潜在的数据延迟、错误或不一致问题，从而保障主数据在整个组织内的顺畅流通与高质量利用。因此，检测数据流动是设计主数据整合过程中不可或缺的一环，它对于提升数据管理水平、优化业务运营具有至关重要的意义。

3.4.3.3 管理主数据变更

管理主数据变更的核心在于认识到其作为共享资源的本质属性，因此，任何修改都需要谨慎对待，避免随意性。成功的关键在于主动放弃对共享数据的本地控制欲，转而建立一个标准化的请求与响应机制，以规范主数据更改的流程。主数据管理部门肩负着确保这一机制有效运作的重任，需要制定并执行严格的制度和规章，明确界定数据变更的申请条件、审批流程、执行标准及后续监控措施。通过这样的管理框架，不仅能保障主数据的稳定性与一致性，还能提升变更处理的效率与透明度，为组织内的数据使用提供有力支持。因此，管理主数据变更不仅是维护数据质量的必要手段，也是促进组织内部协作与信息共享的关键环节。

3.4.3.4 制定数据共享协议

制定数据共享协议是企业实现内外主数据高效共享与协作的基石。为了确保数据的安全、恰当访问与合理使用，企业必须明确界定哪些数据是可以被共享的，以及这些数据的共享需遵循哪些具体条件与规则。这一协议的建立，旨在平衡数据流通的需求与数据保护的责任，促进多方之间的信任与合作。通过详细规定数据的共享范围、访问权限、使用目的及限制条款，数据共享协议为数据的合法流动提供了坚实的法律与制度保障。因此，制定并严格执行数据共享协议，是企业成功实施主数据管理战略、推动数据价值最大化的关键一步。

3.4.3.5 组织和文化变革

主数据管理的推行，本质上是一场深刻的组织与文化变革，它要求部门或组织勇于放弃对特定数据和进程的传统控制，共同构建和维护一个共享的资源环境。这一变革过程并非易事，它涉及对传统做法的深刻反思与必要修正，旨在提升主数据的可用性和质量。在着手研究和实施解决方案之前，全面评估当前组织的准备情况、深刻理解组织未来的使命与愿景需求，是至关重要的前提。这要求企业领导层具备前瞻性的视野，能够引领全体员工跨越心理与习惯的障碍，共同拥抱变化，建立适应主数据管理要求的新型组织文化。通过这样的变革，企业不仅能够提升数据管理能力，更能在数字化时代中抢占先机，实现可持续发展。

▶▶ 3.5 指标数据

3.5.1 概述

指标数据，作为量化事件与衡量目标的基石，贯穿我们日常工作的方方面面，是数字化转型时代不可或缺的语言。它不仅能够将抽象的概念转化为直观的数字，深刻揭示产品用户的行为模式与业务运营的健康状态，还是驱动决策优化、监控业务进展的强有力工具。

在我们的工作实践中，无论是宏观层面的年度计划完成率，还是微观到具体业务场景下的 15 分钟发电计划完成率、小时发电量等，各类指标数据均扮演着至关重要的角色。它们构建起一个多维度、多层次的观察框架，让管理者能够全面而深入地洞察企业运营的每一个细节。

一套科学严谨、量身定制的指标体系，不仅是企业智慧的结晶，更是指导公司战略方向、评估经营绩效、优化资源配置的核心依据。它促使企业能够基于数据说话、用事实决策，从而在激烈的市场竞争中保持敏锐的洞察力和强大的竞争力。

因此，对于任何寻求可持续发展与卓越表现的企业而言，深入理解和有效运用指标数据，不仅是提升管理效能的关键，更是推动企业不断向前迈进、实现价值最大化的重要驱动力。

3.5.2 实施方法

3.5.2.1 找指标

在确定指标的过程中，通常采取一种双向的梳理方法，这种方法结合了从宏观到微观的自上而下和从微观到宏观的自下而上两个方向。

自上而下。在构建指标分类体系时，首先从宏观视角出发，将业务域划分为若干关键领域，如财务、人力资源、销售等，这些构成了整个业务框架的顶层结构。其次遵循逻辑与业务逻辑的深入，对每个顶级业务域进行细化，实施二级业务域的划分。以销售为例，其下可进一步细分为市场营销、客户管理、订单管理等子域，这一过程体现了从广泛到具体、从宏观到微观的层次递进。

自下而上。此方法始于企业运营的具体执行层面——业务系统。通过深入剖析 ERP、CRM、SRM 等核心系统，细致识别并解析其内部的功能模块，如 CRM 系统中的客户管理、订单管理等关键组成部分。这些功能模块作为业务操作的载体，记录了丰富的交易数据与业务活动细节。随后，我们深入这些功能模块的业务单据之中，寻找并提取出关键的数值字段。这些字段不仅是业务活动的直接量化结果，也是评估业务效能与监控运营状况的重要依据。经过精心挑选与评估，确定哪些数值字段能够作为有效的指标进行展示，以支持管理层的决策与业务优化。如果业务系统中已集成了强大的统计报表功能，那么这一过程将变得更加便捷高效。直接利用这些报表，快速定位并提取出所需的指标数据，大大减少了数据整理与分析的工作量。通过这种方式，自下而上地构建指标体系，确保指标数据的源头准确、时效性强，为企业的精细化管理提供坚实的数据支撑。

完成上述工作将形成一张包含所有指标名称的表格，在构建完成包含所有指标名称的初始表格后，进入一个关键的梳理阶段，旨在深入挖掘并定义每个指标的各项属性。这一过程将指标属性细分为两大类：业务属性与技术属性。业务属性聚焦于业务人员的实际需求与理解，涵盖了指标的分类归属、直观名称、具体的计算公式、展现给用户的可视化方式，以及不同用户角色的查询权限设定等。技术属性则侧重于技术运维的视角，涉及指标数据的系统来源、精确到具体字段的取数路径、数据更新的频率，以及数据处理与转换所遵循的规则等。

3.5.2.2 理指标

在构建企业指标体系的过程中，单纯罗列指标是远远不够的，这些未经整理的指标难以形成系统性的认知与指导力。为了打造一套真正贴合企业战略、蕴含业务逻辑的指标体系，需要深入融合企业战略蓝图与岗位职责，精心设定并全面衡量各项关键指标，同时将其精准分解至具体的业务过程之中。

首先从宏观视角出发，对企业内部的各业务职能域进行科学划分，其次深入每个业务域的内部，细致梳理其业务流程中的核心管控目标并将这些目标与筛选出的指标相结合，构建起功能强大的指标-业务矩阵。在这一矩阵中，我们明确标注了各项指标的产生源头、引用关系及其在整个业务体系中的位置，从而有效揭示了指标间的内在联系与潜在逻辑。

在构建指标-业务矩阵的过程中，我们发现并处理了诸如指标重复、统计口径不一等常见问题，确保了指标体系的纯净性与一致性。经过这一系列精细化操作，我们最终打造出一个既包含详尽分类又紧密贴合业务目标的指标字典。

鉴于指标字典可能相当庞大复杂，为了提升其易用性与可访问性，我们进一步采用指标树这一直观高效的展示方式。每棵指标树都独立代表了一个业务域的完整指标体系，通过层级结构与链接导航，用户可以轻松浏览并跳转到任何感兴趣的详细指标定义信息，从而实现对整个企业指标体系的全面掌握与精准运用。

3.5.2.3 管指标

管指标作为数据管理工作的核心环节之一，其关键在于构建并维护一个高效、有序的数据治理体系。这一体系不仅涵盖了主数据、业务数据、统计数据等多元数据类型的标准化与规范化建设，还特别聚焦于指标数据的精细化管控。通过制定详尽的指标数据标准和规范，我们致力于从根本上提升数据质量，确保指标数据的准确性、一致性和时效性。在此基础上，我们进一步强化了指标管控的制度和流程设计。这包括明确界定指标认责人的职责范围、指标用户的使用权限及指标管控团队的管理职责，详细规定了各方在指标制订、维护、监控及优化等管控活动中应遵循的具体要求和操作步骤。这些制度和流程的建立，旨在促进指标数据管理工作的透明化、规范化和高效化。

展望未来，随着企业信息系统的持续升级和优化，尤其是数据中心和统计报表等分析工具的构建与普及，我们对这些系统的指标管理要求将变得更加严格。这不仅是为了确保指标数据能够在更广阔的业务场景中发挥价值，更是为了推动企业数据治理体系的持续优化与升级，为企业的战略决策提供坚实的数据支撑。

3.5.2.4 用指标

构建指标体系并非孤立的数据管理工作，其真正价值在于通过与实际应用系统的深度融合，实现数据管理的规范化与高效化。因此，企业在设计指标体系时，往往采取与应用系统建设并行的策略，确保指标体系能够无缝嵌入业务流程之中，发挥其应有的管理效能。

3.5.3 小结

通过指标数据体系在信息系统中的全面应用，不仅能够显著提升企业内部指标使用的规范性，确保各项指标的定义、计算、展示均遵循统一标准，还能有效增强数据的准确性、一致性和可追溯性。这种数据质量的全面提升，为企业的决策方案制订、业务分析、绩效评估等关键环节提供了坚实的数据基础，助力企业实现更加精准、高效的管理与运营。同时，指标数据体系的应用还促进了企业内部数据文化的形成，提升了员工对数据价值的认识与重视程度，为企业的数字化转型之路奠定了坚实的基础。

▶▶ 3.6 数据质量

3.6.1 概述

国际数据管理协会（DAMA）将数据管理精髓概括为一系列旨在提升数据价值的综合行动，包括规划、策略制定、实践应用及项目管理，其核心在于确保数据从获取到增强全链条的有效控制与保护。DAMA强调，这一职责跨越了信息技术部门与业务领域的界限，是数据管理专业人士与业务数据管理员携手共担的使命。数据管理的终极目标并非管理本身，而是确保企业内的数据资产实现可信、一致的部署，成为驱动业务决策与创新的坚实基石。在此背景下，构建并持续优化数据质量评价体系显得尤为重要。该体系需首先全面审视数据的当前状况，通过精细化的分析识别潜在的质量问题；其次，建立科学合理的数据质量评价模型，量化评估数据在准确性、完整性、一致性及可用性等方面的表现；最后，配备有效的改进机制与测量手段，不仅用于即时修正数据质量问题，更在于不断迭代优化评价体系本身，确保数据质量持续向高标准迈进。这一过程是实现数据资产最大化价值、支撑企业稳健发展的关键所在。

3.6.2 实施方法

数据质量管理是一项系统性工程，其实施方法聚焦于一系列精心设计的规划、执行与控制活动，旨在通过技术手段精准衡量、显著提升并稳固保障数据质量。在这一实施过程中，首要任务是明确界定数据质量需求，为后续工作奠定坚实的基础。随后，通过深入分析与评估，全面把握数据质量的现状与挑战。紧接着，制定详尽的数据质量规则与测量指标，为数据质量的量化评估提供科学依据。

实施过程的核心环节在于持续不断地测量与监控数据质量，确保问题能够被及时发现并应对。一旦发现质量问题，迅速分析其根源所在，是制订针对性改善方案的关键。在此基础上，实施数据清洗与纠正工作，直接解决数据质量缺陷，提升数据整体质量。同时，设计并实施高效的数据质量管理工具，以自动化手段提升管理效率与准确性。此外，监控数据质量管理操作程序与绩效，确保管理活动的有效执行与持续优化，形成数据质量管理的闭环体系。这一系列实施方法相互衔接、环环相扣，共同构成了数据质量管理工作的完整框架与路径。

3.6.2.1 定义数据质量需求

在数据质量管理的初期规划阶段，主要的任务是精确地确定业务信息系统所需的数据质量指标体系和数据标准。这一步对于后续提升数据质量至关重要。数据质量需求的定义紧密围绕数据质量的各个维度进行，这些维度全面覆盖了数据质量的各个方面，包括但不限于以下所述的 15 个方面。

① 数据的规范性和标准化程度。

② 数据的完整性和缺失情况。

③ 数据的准确性和错误率。

④ 数据的及时性和更新频率。

⑤ 数据的一致性和数据冗余。

⑥ 数据的同步性和时效性。

⑦ 数据的可用性和易用性。

⑧ 数据的可维护性和可扩展性。

⑨ 数据覆盖的广度和深度。

⑩ 数据表达的质量和清晰度。

⑪ 数据的可理解性和解释性。

⑫ 数据的相关性和重要性。

⑬ 数据的可信度和可靠性。

⑭ 数据衰减的监控和预警。

⑮ 数据的效用性和价值。

通过深入分析这些维度，我们可以系统地识别并定义出符合业务需求的数据质量指标和标准。这为后续的数据质量评估、监控和改进工作奠定了坚实的基础。这个过程不仅是数据质量管理的起点，也是确保数据资产价值最大化、支持企业决策和运营的关键环节。通过精确定义数据质量需求，我们可以确保数据质量管理工作有的放矢，从而提高数据的可用性和价值，为企业的可持续发展提供有力支持。

（1）定义指标体系

指标体系作为衡量数据质量优劣的标尺，其构建基于多维度的考量，旨在全面而精确地反映数据质量的各个方面。依据数据质量维度，企业精心设计了一套包含 5 种关键指标的体系：数据规范率，用于评估数据是否遵循既定标准与规范；数据完整率，衡量数据缺失情况，确保信息的全面性；数据准确率，验证数据的真实性与精确度，减少误差与误导；数据及时率，强调数据的时效性，确保数据能够及时反映业务现状；数据一致率，关注数据间的逻辑关系与一致性，避免信息冲突与混乱。这一指标体系不仅为企业提供了量化评估数据质量的工具，也为持续优化数据质量指明了方向。

（2）定义数据标准

数据标准是对数据质量维度的具体化表达，它们定义了数据模型应具备的质量特征并为衡量数据质量问题提供了基准。以下是某供电企业生产系统中部分数据标准的例子，这些标准体现了数据质量的具体要求。这些数据标准为供电企业的生产系统提供了明确的质量指南，有助于确保数据的质量和可靠性，从而支持企业的运营和决策。

3.6.2.2　执行测量阶段

在数据质量管理的执行阶段，会根据定义的数据标准和指标来评估业务信息系统的数据质量情况。本阶段又可细分为校验问题和统计指标两个步骤。

（1）校验问题

借助数据质量管理平台这一强大的信息化工具，我们可以高效地实现数据质量的自动化校验。首先，构建规则库是校验流程的基石，而数据标准则是规则库不可或缺的基石，它们为校验过程提供了明确的准则与依据。其次，平台自动从业务信息系统中全面抽取数据，进行无死角的审查，确保每一条数据都能经过严格的质量考验，是否符合数据标准在各个维度上的要求。一旦校验完成，平台将迅速生成详尽的问题数据清单，清晰列出所有未能达标的数据项及其具体问题，为数据质量问题的精准定位与后续整改提供了有力支持。这一过程不仅显著提升了校验的效率和准确性，还大大减轻了人工审核的负担，是优化数据质量管理、确保数据质量稳步提升的关键步骤。

（2）统计指标

将问题数据清单作为参考依据，我们可以对不同数据质量维度的指标进行统计。以下是用于计算数据规范率指标的统计公式。

数据规范率：这个指标衡量的是数据是否符合预定义的格式和标准，计算公式如下所示。

$$数据规范率 = \frac{符合规范的数据项数量}{总数据项数量} \times 100\%$$

数据完整性：衡量数据中缺失值的比例，计算公式如下所示。

$$数据完整性指标 = 1 - \frac{缺失数据项数量}{总数据项数量} \times 100\%$$

数据准确性：衡量数据中错误值的比例，计算公式如下所示。

$$数据准确性指标 = 1 - \frac{错误数据项数量}{总数据项数量} \times 100\%$$

数据一致性：衡量不同数据源中相同数据的一致性，计算公式如下所示。

$$数据一致性指标 = \frac{一致的数据项数量}{总数据项数量} \times 100\%$$

数据及时性：衡量数据更新的及时程度，计算公式如下所示。

$$数据及时性指标 = \frac{按时更新的数据项数量}{总数据项数量} \times 100\%$$

数据可用性：衡量数据的可访问性和可使用性，计算公式如下所示。

$$数据可用性指标 = \frac{可访问且可用的数据项数量}{总数据项量标} \times 100\%$$

通过这些公式，我们可以量化数据在各个质量维度上的表现，从而对数据的整体质量有一个清晰的认识。这些统计结果对于识别数据问题、制订改进措施和提升数据管理水平都具有重要意义。

3.6.2.3 检查阶段

（1）分析原因

在数据质量管理过程中，分析导致数据质量问题的原因至关重要，这有助于我们在计划和执行阶段设定明确的目标。以下是一些常见的数据质量问题及其原因。

缺乏统一规划和数据标准：在业务信息系统的建设过程中，如果没有进行统一规划和建立稳定的数据标准，可能会导致现有数据质量参差不齐。

业务操作不当：业务人员在操作过程中的失误可能会引发数据的准确性和及时性问题。

数据库元数据定义不准确和数据集成问题：如果业务信息系统的数据库元数据定义不准确，或者在数据集成过程中出现问题，可能会导致数据的规范性和一致性受损。

数据准入控制不严格：如果业务信息系统没有根据数据标准进行严格的数据准入控制，可能会持续产生新的数据质量问题。

通过对这些问题原因的分析，我们可以更有针对性地制定数据质量管理策略，采取相应的预防和纠正措施，以提高数据的整体质量。这包括加强数据标准的制定和执行、提升业务人员的操作技能、优化数据库设计和数据集成流程，以及强化数据准入控制等。通过这些措施，我们可以有效地预防和解决数据质量问题，确保数据的可靠性和有效性，从而支持企业的决策和运营。

（2）制订提升方案

为了系统地提升数据质量，我们将依据数据质量问题清单、相关指标及深入的原因分析来制订一个详尽的数据质量提升方案。该方案将包括以下几个核心组成部分。

①问题分类：根据数据质量问题清单，将问题按照不同的数据分类和质量维度进行归类。

②原因分析：深入分析每个问题的原因，识别出导致数据质量问题的具体因素。

③整改措施：针对每个问题及其原因，确定具体的整改措施。这些措施可能涉及改进数据录入流程、加强数据审核、更新数据标准、优化系统功能、提升用户培训等。

④目标设定：为每个整改措施设定明确的数据质量提升目标和具体的指标要求，以量化提升效果。

⑤责任明确：为每项整改措施指定明确的责任人，确保每项任务都有

人负责执行和监督。

⑥执行计划：制订详细的执行计划，包括时间线、资源需求、里程碑和关键绩效指标（KPIs）。

⑦监控与评估：在整改措施实施过程中，定期监控进度和效果并对数据质量进行评估，以确保目标的实现。

⑧持续改进：将数据质量管理视为一个持续的过程，根据监控和评估的结果，不断调整和优化提升方案。

通过制订提升方案，我们可以确保数据质量问题得到有效解决，数据质量得到持续提升，从而为企业的决策和运营提供更准确、更可靠的数据支持。

3.6.2.4 处理阶段

本阶段主要任务是执行之前制订的数据质量提升方案。这包括采取一系列改进措施来解决现有的数据质量问题，也就是我们所说的存量问题。同时，我们也会实施一系列的控制措施，以监测数据质量提升的效果并及时解决新出现的数据问题（即增量问题）。通过这种综合的方法，旨在持续提升数据质量，确保数据的准确性、完整性和一致性。

（1）改进

面对现有的数据质量问题，我们通常采取结合人工核查和数据清洗的策略进行处理。人工核查注重深度和精确度，通过仔细检查纸质记录、进行现场调查等方式，直接获取最真实、最准确的数据信息。然后，我们将这些经过验证的数据更新到业务信息系统中，以确保数据的准确性和可靠性。这种方法允许我们对数据进行细致的审查和修正，从而提高数据质量。数据清洗则是一种高效自动化的处理方法，它运用特定的算法和技术，自动识别并过滤掉那些不符合数据质量要求的异常数据，同时对这些数据进行必要的修正与调整，从而快速清除数据中的杂质，提升整体数据质量。这两种方法相辅相成，共同构成了解决存量数据质量问题的有效手段。

（2）控制

在数据质量管理的流程中，控制措施扮演着至关重要的角色，它们主要包括监测结果评估与数据准入控制两大方面。监测结果评估旨在验证已实施的改进措施是否真正奏效,通过对比分析改进前后的数据质量,检查是否达到了既定的提升目标。这一过程确保了改进措施的有效性和针对性。数据准入控制作为预防增量问题的关键环节,被嵌入业务信息系统的数据录入流程之中。它严格依据数据标准对数据进行校验,任何不符合标准的数据都将被及时识别并阻止录入,从而有效杜绝了新增数据质量问题的发生。

当处理阶段圆满完成改进措施与控制措施后,整个数据质量管理流程并未就此结束。相反,这是一个持续优化的过程。我们将改进成果及时反馈至计划阶段,重新审视并修编数据质量指标体系和数据标准,确保它们能够紧跟业务发展的需要,持续引领数据质量的提升。这一过程形成了一个完整的闭环管理,标志着本次数据质量提升循环的圆满结束,同时也为下一个循环的开启奠定了坚实的基础。

3.6.2.5 沟通管理

沟通管理在数据质量管理模型中占据着举足轻重的地位,它如同一条纽带,贯穿整个管理流程的始终,对推动数据质量的持续提升发挥着不可替代的作用。沟通管理的核心目标在于确保数据质量管理过程中的各项成果与进展能够得到及时、准确的传递与分享。无论是哪个环节产生的输出物,如数据质量评估报告、改进措施方案等,都应当作为沟通管理的宝贵输入资料,用以支撑信息的交流与反馈。为了实现这一目标,沟通管理巧妙借助了各类管理工具与手段。这些工具不仅能够帮助团队制订详尽的沟通方案,明确沟通的目的、对象、内容及时机,还能自动生成沟通时间表,确保信息传递的有序性与及时性。此外,针对数据质量管理过程中可能涉及的知识与技能培训需求,沟通管理还能够规划出切实可行的培训计划,为团队成员提供必要的知识补给与技能提升机会。

3.6.3 小结

面对数据质量管理的持续挑战,我们必须认识到,随着数据源的不断扩展和数据使用需求的日益复杂，新的数据质量问题会不断涌现，这是一个动态且不可避免的过程。然而，这并非是我们放弃数据质量治理与管理的理由，反而应当成为我们持续优化与创新的驱动力。我们应迅速响应并有效处理既存的数据质量问题，同时保持敏锐的洞察力，积极识别并控制新出现的问题，力求将质量问题总量维持在一个可管理、可控制的水平，确保数据质量的稳步提升。

值得注意的是，数据质量问题的最初发现者往往并非技术或数据管理的专业人士，而是直接利用数据的用户群体。这一现实强调了跨部门、跨领域合作的重要性。解决数据质量问题，需要技术人员、数据管理人员及数据使用者之间的紧密协作，各方共同分析、定位并采取措施，以实现问题的快速解决和持续改进。

此外，我们还需意识到，现有的技术监控手段虽然能有效监控已知问题，但对于未知或新兴的数据质量问题，其预警能力往往有限。因此，制订一系列灵活、高效的应急预案显得尤为重要。这些预案应涵盖对新问题的快速识别、评估、应对及后续改进等环节，确保在面对未知挑战时，我们能够迅速响应、有效应对，以此为契机不断完善和优化数据质量管理体系。

▶▶ 3.7 数据安全

3.7.1 概述

2020年，工业和信息化部发布了《关于工业大数据发展的指导意见》，该意见提出"强化数据安全"的指导意见，具体规划了通过构建工业数据安全管理体系与加强工业数据安全产品研发两大路径，以推动行业的优化发展。这一举措不仅积极响应了政策导向，更是确保数据安全管理得以有效实施的关键基石。

鉴于工业互联网的复杂性与行业特性，构建一套全面而系统的工业互联网数据安全体系显得尤为迫切和重要。该体系框架被精心划分为五大核心组成部分：一是组织建设，旨在明确各级责任主体，形成高效协同的管理架构；二是数据安全管控，通过制定严格的策略与流程，实现对数据全生命周期的安全监管；三是工业互联网云平台，专注于提升云平台的安全防护能力，保障云端数据的安全存储与传输；四是人员能力，注重培养专业人才，建立持续学习与能力提升机制，为数据安全提供坚实的人力支撑；五是技术工具，融合先进技术手段，构建多层次、全方位的技术防护网，以技术创新引领数据安全管理的升级。这五大体系相互支撑、相互促进，共同构成了工业互联网数据安全管理的坚固防线。工业互联网安全体系架构如图 3-13 所示。

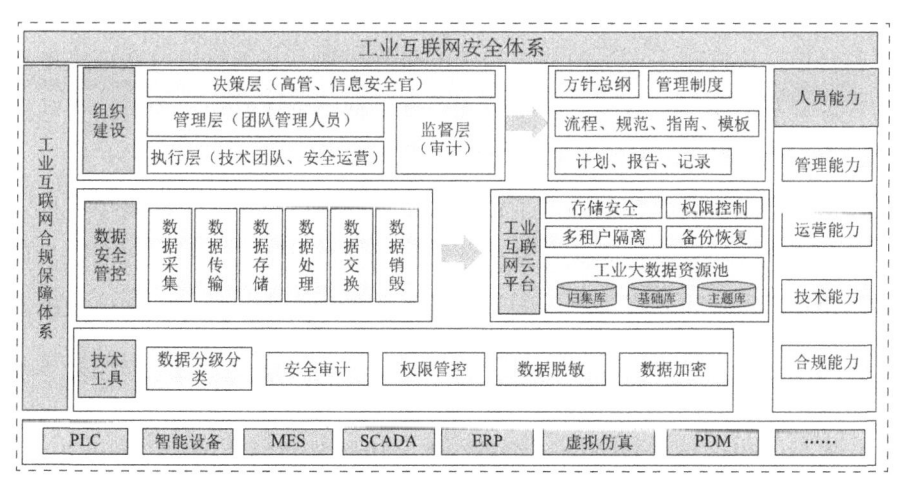

图 3-13 工业互联网安全体系架构

合规保障：在构建工业互联网安全体系框架的过程中，以坚实的法律法规为基石，深度融合行业特定的业务需求，确保体系既符合规范又贴近实际。通过强化组织能力建设，培育一支高效协作的团队，运用先进的安全技术工具，专注于工业互联网云计算平台及数据安全能力的全方位建设。在这一过程中，精心匹配专业的安全运营人员，确保每一个关键环节都有专人负责，从而实现从数据生成、传输、存储到使用的全生命周期安全监管。这种综合性的安全管理体系，不仅提升了工业互联网的整体防护水平，更为业务的持续稳定运行提供了强有力的保障。

组织建设：为了建立一个高效的数据安全管理体系，需要精心构建一个包含三个层次的组织架构，并对每个层级的职责、任务分配及沟通协作流程进行明确规划。这个体系由三个核心支柱组成：决策层、管理层和执行层。这样的结构设计确保了数据安全工作的全面性和各部门之间的协同合作，从而形成一个系统化的数据安全管理框架。

在决策层，汇聚参与企业业务发展战略规划的高管与专业的数据安全官，制定数据安全长远目标与愿景。这一层级的核心任务是在推动业务发展的同时，精准把握数据安全与业务需求的平衡点，确保两者和谐共生，为企业的可持续发展奠定坚实的基础。

管理层则由数据安全核心部门与业务部门的管理精英共同组成，通过紧密合作，负责制定详尽的数据安全策略与规划，并细化出一系列可操作的管理规范。这一层级的工作重心在于将数据安全战略转化为具体行动指南，为执行层提供清晰的方向与指导。

执行层则是确保数据安全工作落地生根的关键力量，它涵盖了数据安全运营团队、技术支持团队及各业务部门的接口人员。这一层级的成员们紧密协作，负责将管理层制定的策略与规范转化为实际行动，确保数据安全工作的每一个细节都能得到有效执行与监控，从而构建起坚实的数据安全防线。

通过这样一个层次分明、职责清晰、协作紧密的数据安全组织架构，我们能够更加高效地应对数据安全挑战，为企业的稳健发展保驾护航。

制度流程：它是确保数据安全管理制度体系得以有效建设和执行的基础，它涵盖了从数据安全方针和总体原则到具体的数据安全管理规范、操作指南和作业指导。此外，还包括了为实施这些流程和规范而设计的相关模板和表单，以便于在实际操作中进行标准化处理，确保数据安全管理的一致性和有效性。通过这些详细的流程和文档，我们能够为数据安全提供明确的指导和支持，从而保护企业的信息资产免受风险。

技术工具：技术工具作为制度流程的配套支持，确保数据安全管理的有效执行。这些工具涵盖系统平台、软件、功能及算法等，需全面规划并融入所有安全域，与业务及信息系统无缝对接。它们既包含通用型技术工具，适用于所有安全领域，也包含针对特定阶段或安全域的专用工具，共同支撑数据安全管理体系的高效运行。

人员能力：为了保障安全组织、制度和技术工具的有效实施，相关人员必须掌握一系列核心能力，其中包括安全管理、安全运营、安全技术及合规性知识。这些能力需要根据数据安全建设的具体需求和不同维度进行精确的匹配，确保人员的专业技能与所承担的任务之间能够实现高度的契合。通过这样的方式，我们可以确保团队成员不仅具备必要的专业知识，而且能够将这些知识有效地应用于实际工作之中，以支持数据安全的整体目标。

数据安全管控：数据安全能力支撑数据安全体系框架，为工业互联网云平台中的数据提供安全保障，安全措施覆盖工业大数据的全生命周期。

3.7.2 实施方法

数据安全体系框架（见图 3-14）是一个多维度的构建，它由政策法规及标准规范、技术（安全运营中心、数据中心、安全基础资源）、安全组织与人员三大核心要素组成。在这个框架中，我们首先遵循相关的政策法规及标准规范，其次通过技术实现对数据的实时监控和管理。最后，我们有

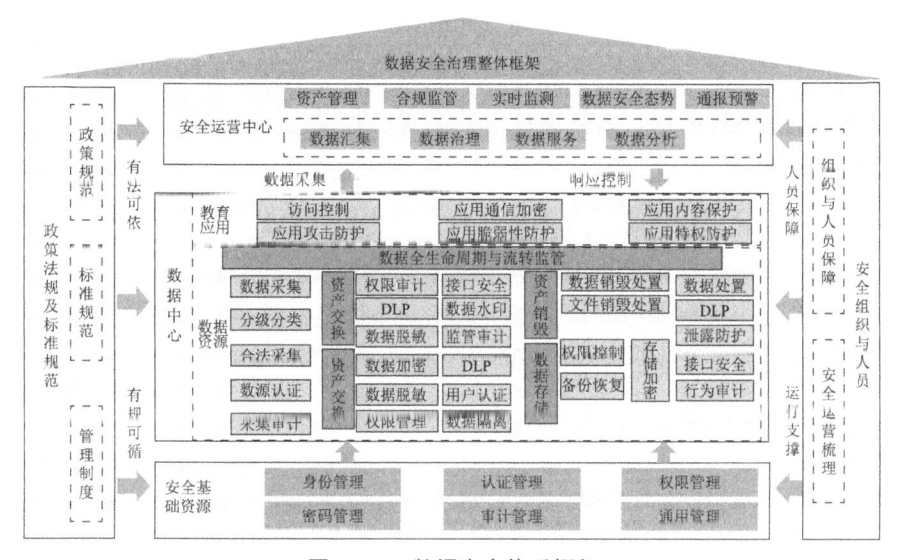

图 3-14 数据安全体系框架

一支经过专业培训的安全团队，他们负责执行安全策略和操作，共同构成了数据安全治理的坚实基础。技术架构作为这个体系的核心，包括了安全运营中心、数据中心及安全基础资源。安全基础资源为数据中心提供必要的技术支持，而安全运营中心则负责对数据中心进行实时的监控和控制，确保数据的安全性和完整性。这三个组成部分相互协作，共同维护一个全面的数据安全环境。

安全运营中心致力于全面的数据安全管理，其核心职能包括数据资产的维护、合规性的监控、实时数据的监测、安全态势的感知及对潜在威胁的预警和处理。通过集中分析来自数据中心的大量数据，安全运营中心能够实现对数据环境的实时、全面的控制，迅速识别并应对任何异常情况，从而确保数据的安全性不受威胁。

安全基础资源构成了技术框架的坚实基石，它包括身份管理、认证机制、权限控制、密码学、审计跟踪及通用管理等关键组成部分。这些资源以工具和平台的形式存在，为数据安全提供了必要的基础设施和基础支撑。通过这些基础资源的有效整合和运用，我们能够确保数据在创建、存储、处理和传输的每个环节都得到充分的保护，从而为整个数据安全体系的稳定运行和高效管理打下坚实的基础。

数据中心在架构上分为资源层和应用层两个主要部分。资源层负责管理数据的整个生命周期，它包括数据采集阶段、数据传输阶段、数据存储阶段、数据处理阶段、数据交换和共享安全阶段，以及最终的数据销毁阶段6个关键阶段。这一系列的流程确保了数据在每个环节都得到妥善处理和保护，为应用层提供了全面的支持。应用层则依托资源层的强大支撑，实现各种数据处理和分析的需求，确保数据的安全和高效利用。通过这种分层的设计，数据中心能够为整个数据安全体系提供坚实的技术基础和灵活的应用能力。以下是6个关键阶段的详解。

数据采集阶段，需要明确规范与策略，界定目的、方式、范围及来源，确保数据采集合法合规。策略应涵盖周期与内容，仅授权数据方可采集并记录日志。同时，定义风险评估规范，含评估方式与周期，全程遵守法律法规，保障数据采集的合规性与合法性。

数据传输阶段，采用对称与非对称加密算法保障安全。对称加密，如DES、AES、SM1，使用同一密钥加密解密，速度快但密钥管理复杂。非对称加密，如 RSA、ECC、SM2，使用一对公钥与私钥，公钥加密需私钥解密，私钥加密则需公钥解密，增强了安全性但速度较慢。两者结合使用，兼顾效率与安全。

数据存储阶段，核心在于确保数据安全。首先，确立一套全面的存储介质标准，这包括明确介质的定义、设定质量要求、规范收发和运输流程、记录使用情况、制定管理规范，以及确立维修标准。其次，对存储系统进行严格的安全防护，重点在于实现数据的有效备份、归档和快速恢复，同时定期进行系统潜在弱点的识别和维护，以确保数据的安全性和完整性。通过这些综合措施，我们可以为数据提供坚固的存储保障，防止数据丢失或泄露，保障信息资产的安全。

数据处理阶段，确保数据安全的关键步骤是明确业务场景中数据脱敏的需求并选择合适的脱敏技术。这需要根据申请使用敏感信息的具体情境和申请人的背景，评估对真实数据的需求及脱敏的必要性，然后确定合适的脱敏规则和方法。脱敏技术主要分为静态脱敏和动态脱敏两种：静态脱敏通过使用屏蔽、变形、替换等算法直接修改数据内容，以适应不同的使用环境；而动态脱敏则通过解析数据库语句，并根据预设条件改写查询或拦截返回结果，实现数据脱敏，同时不改变生产库中的数据，从而在保障数据安全的同时确保数据的合规使用。通过这样的方法，我们可以在保护个人隐私和遵守法规要求的同时，使数据在处理过程中保持其价值和可用性。

数据交换和共享安全阶段，为保障数据在交换和共享过程中的安全性，需要制定一套详尽的数据导入和导出规范。这套规范应整合统一的权限管理、流程审批及监控审计机制，确保数据共享过程中的所有操作和行为都能被全面记录。此外，通过运用风险识别技术，能够对潜在的高危行为进行实时监控和管控。这样的体系设计旨在确保数据在流通和使用过程中的安全性，同时符合相关的合规要求，从而实现数据的安全共享和有效保护。

数据销毁阶段，需要全面管理销毁过程与技术保障措施。首先，销毁操作须遵循企业管理制度，明确销毁对象、原因及流程。其次，实施全程安全审计，确保信息不可复原并验证销毁效果。对于物理介质，需要严格登记、审批、交接。技术上，采用删除文件、格式化硬盘、文件粉碎、覆写及消磁等方法，确保数据彻底销毁，无法复原，从而防止数据泄露风险。

构建数据全生命周期监管体系时，数据分级分类是监控与审计的基石。首先，通过数据测绘识别敏感数据及其存储位置；其次，实施结构化分级分类，为数据资产赋予敏感级别，以实施精细化安全管理。依据不同级别，制定相应的数据安全策略，确保数据在生命周期各阶段均保持高标准的保密性、完整性、真实性与可用性。

数据安全管理可参考按照统筹规划、数据全生命周期监管、稽核检查三个阶段的方法策略执行。

①第一阶段：统筹规划。第一阶段为整体规划阶段，目的是制订数据安全的战略计划，并确定管理的具体目标。此阶段核心在于构建安全管理组织与制度体系，为后续工作奠定坚实基础。同时，通过全面盘点数据流程，制定详尽的数据生命周期管控标准规范，确保后续工作的有序开展与高效执行。

此阶段的工作一般分为三步实施。

第一步，构建组织体系，根据组织的具体情况，制定一套量身定做的数据安全管理制度。这包括建立一个独立而完整的数据安全管理组织架构，明确各级角色和职责，并灵活地安排兼职和专职人员。这样的体系旨在确保数据安全管理的规章制度和工作流程能够得到有效实施，保证工作的有序进行，并且持续地培养和扩大专业的管理和技术人才队伍。通过这样的组织架构和人才战略，我们可以为数据安全提供坚实的管理和技术支持，从而有效地保护组织的数据资产。

第二步，深入业务核心，明晰数据流转全链条，并评估当前数据管理效能。这一步骤以企业战略与业务现状为基，融合工业大数据的发展趋势，全面审视企业内外数据环境，确立数据安全管理的明确目标。随后，通过需求调研、数据流程梳理及采集汇聚等专项工作，细化数据管理任务。同时，洞悉数据源头、采集方式及硬件支撑，精准评估现有数据安全管理能力，为后续制订数据安全管理成熟度提升计划奠定坚实的基础。

第三步，聚焦于数据流程标准规范的制定。参照国际与行业标准，围绕数据资产的全生命周期管理，建立一套全面的规范体系。这一体系将包括数据采集认证、风险评估、传输加密、数据存储、授权使用、安全共享交换及数据销毁等环节的标准，为数据管理人员提供清晰的工作指导。企业需要积极推进这些规范和标准的制定与执行，以便促进数据的有效整合和应用，确保数据安全管理工作的顺利进行。

②第二阶段：数据全生命周期监管。第二阶段的工作重点是将第一阶段的数据流转定义、规划与梳理的成果付诸实践。在这一阶段，我们首先需要利用已经建立的数据安全管理平台和数据汇聚基础设施，根据企业当前的数据存量和未来的数据增长预测，合理地配置或采购所需的数据安全工具，甚至考虑引入第三方服务，以实际构建企业的数据安全管理能力。接着，我们要建立一个全面的安全管理体系，该体系旨在预防数据安全隐患并有效执行数据安全管理职责。这需要我们将数据全生命周期的管控机制融入业务与技术部门的日常运作流程中。通过彻底梳理企业数据和监测数据标准的实施情况，确保数据规范在企业信息系统中得到有效执行。对于关键的数据安全任务，我们可以利用管理工具来建立系统化的管理流程，并确保每项工作都有明确的责任人。

总的来说，第二阶段的核心目标是为企业打造强大的数据安全管理能力，并为数据安全管理部门创造一个高效、有序的工作环境。简而言之，我们的目标是实现数据安全的可管理性和可操作性，确保企业数据安全的全面实施。

③第三阶段：稽核检查。稽核检查阶段是确保数据安全管理实施阶段各项管理职能有效执行的关键环节，它涵盖了数据标准执行与数据生命周期监管等核心任务。此阶段需强化四个"常态化"机制。

数据安全标准执行检查的常态化：数据安全标准管理作为基石，需要持续检查其制定与执行情况。标准制定方面，应确保与国家标准、行业标准的一致性，并考虑地方标准的适应性；标准执行方面，则聚焦于标准的落地效果，包括创建与更改流程的便捷性、标准使用的广泛性等，以实现对企业数据的统一高效管理。

数据安全稽核的常态化：构建动态优化的数据安全管理流程，依据业务目标设定稽核规则，精准识别数据全生命周期中的安全提升点。通过持续评估与监督数据安全及服务水平，灵活调整管理程序，确保企业数据安全防线稳固无虞。

数据存储策略灵活配置的常态化：基于数据价值分类分级，制定数据生命周期管理策略，旨在以最低成本提供最优保护。通过动态调整存储介质与策略，充分发挥数据潜力，同时提升企业对突发事件的快速响应能力。

数据安全检查的常态化：鉴于工业大数据时代数据资产面临的多样化风险，企业应建立全面的数据保护体系，强化数据采集、应用的合规性，保护客户隐私。通过定期安全检查，提升全员数据安全意识，确保数据的完整性、保密性与可用性，为企业的稳健发展筑牢安全基石。

3.7.3 小结

数据安全能力的构建步骤一般是"建立组织架构→应用需求梳理→数据资产梳理→引进数据安全平台技术→建设数据全生命周期管控→支持数据应用→维护数据运营"等。数据安全管理以数据为核心，贯穿数据安全能力构建的各个阶段。对于不同数据成熟度的企业或机构而言，进行数据安全平台建设时需要依据自身的实际情况来定制具体的步骤和实施策略。这意味着每个组织都需要根据自己的数据特点和安全需求，设计和执行适合自己的数据安全措施，确保数据在采集、处理、存储、传输和共享等环节的安全，同时也要符合行业标准和法律法规的要求。通过这样的方法，组织能够构建起一个既适应自身特点又满足外部要求的数据安全管理体系。

3.8 数据管理能力成熟度评估

3.8.1 概述

《数据管理能力成熟度评估模型》（GB/T 36073—2018，DCMM）是我国在数据管理领域首个正式发布的国家标准，借鉴国内外成熟度相关理论思想，结合数据生命周期管理各个阶段的特征，对数据管理能力进行了分析、总结，提炼出组织数据管理的八大能力域（数据战略、数据治理、数据架构、数据应用、数据安全、数据质量、数据标准、数据生存周期），对每项能力域进行了二级能力项（28个能力项）和成熟度等级（5个等级）的划分及相关功能介绍与评定指标（445项指标）的制订。

3.8.2 实施方法

3.8.2.1 DCMM 标准宣贯

评估机构向企业工作组成员详尽介绍评估模型的整体框架，提供关于调研问卷填写的细致指导与讲解。这一举措旨在帮助实施工作组全面理解评估模型的构成要素、所采用的评估方法、评估流程的具体步骤及评价标准的详细要求。通过此过程，确保所有参与数据操作的人员能够准确把握调研问卷的意图，从而进行客观、有效的填写与反馈，为评估工作的顺利进行奠定坚实的基础。

3.8.2.2 资料收集与解读

评估机构深入企业业务部门及其下属单位、数字化部门等关键领域，与数据操作人员进行面对面的交流，旨在深入了解实际业务场景下的数据管理实践与能力现状。访谈过程中，详细记录数据管理的各个方面，形成详尽的访谈纪要。与此同时，评估机构还应发放调研问卷，以进一步收集量化数据。实施工作组在此过程中发挥了重要的协调作用，不仅促进了调研问卷的顺利填写，还向评估机构提供了丰富的数据管理素材，包括管理办法、业务流程手册及系统功能说明等关键文档，为全面评估企业的数据管理能力提供了有力支持。

3.8.2.3 现场评估

为了深入洞悉企业数据管理的实际运作情况，我们精心界定了访谈对象，并据此设计了详尽的访谈提纲。通过一系列面对面的深入交流，我们不仅加深了对企业数据管理实践的理解，还强化了 DCMM 评估项目团队成员之间的沟通与合作。在访谈过程中，我们聚焦于 DCMM 相关的核心议题，提出了一系列关键问题，旨在挖掘关键发现并解析潜在挑战。此外，我们还负责填写评估检查表及打分表，基于访谈结果为企业提供针对性的指导与建议，助力其数据管理能力的持续优化与提升。

3.8.2.4　编制评估报告

在综合资料研究、问卷调查反馈、现场访谈记录及各项资料分析的基础上，我们系统整理并形成了企业的数据管理能力成熟度评估结果。该结果以直观的方式呈现，包括 DCMM 数据能力成熟度等级的雷达图，清晰展示企业在不同维度上的表现；DCMM 各职能域等级状态的柱形图，对比各领域的成熟度水平；详尽的职能域基本情况概述，明确指出存在的问题与改进空间，并提出相应的建议措施。最终，为确保评估的公正性、严谨性，我们组织评估专家团队对评估报告进行全面评审，涵盖评估过程的合规性、打分结果的合理性及分析报告的深度与准确性，确保评估结论的科学性与权威性。

3.8.3　小结

数据管理成熟度评估的目的在于协助企业采用成熟的数据管理理念和实践方法，以此构建和评估自身的数据管理能力。通过这一过程，企业能够不断优化数据管理的组织结构、流程和制度，从而确保数据在推动企业信息化、数字化和智能化转型中发挥出最大的价值。这种评估有助于企业更有效地利用数据资源、提高决策质量、增强竞争力，支持持续的业务创新和发展。

第 4 章

技术平台应用

4.1 数据资产平台建设

在未来企业战略蓝图中，数据资产将占据核心地位。但是，回顾过去，信息化建设多聚焦于单一系统构建，导致信息资源闭塞，难以实现跨领域、跨地域的高效协同，形成了所谓的信息孤岛与数据烟囱，严重制约了信息化进程的深化。这一现状下，数据标准化及资源中心建设显著滞后，成为亟待突破的瓶颈。

为了优化用户体验，我们致力于构建一个数据生态，确保数据"易寻、易用、可视、实时且共享"。借助大数据、云端搜索及轻量化应用等前沿技术，我们着手搭建一个全面的企业数据资产管理框架，旨在促进数据管理标准化与创新，丰富数据应用场景与消费工具，显著提升数据资产的实际效能。此举旨在攻克企业面临的数据查找不便、应用受限及管理复杂等难题，深入挖掘数据价值，推动数据资产向经济价值转化，确保数据"应用与管理"双轨并进，稳步前行。

同时，认识到数据资产化的关键在于有效的数据治理，这不仅仅是数量上的累积，更是质量上的飞跃。因此，我们必须将工作重心放在数据质量的提升与整合上，通过精细化治理，实现数据在企业内部的纵向贯通与横向融合，为数据资产的高效运营奠定坚实基础。由此可见，数据标准化管理不仅是技术路径，更是企业释放数据业务潜力、实现长远发展的必由之路。

4.1.1 数据资产顶层设计

数据资产顶层架构设计包括以下工作。

①调研与需求分析阶段，充分对标央企及大型集团企业领先实践数据治理框架体系。

②通过顶层架构总体设计，落实企业数据战略规划、数据治理核心、保障措施等。

③工具验证阶段，通过应用场景、数据资产管理平台、治理平台等软件工具验证，实现数据资产目录、数据资产地图。

4.1.2 数据资产管理平台

数据资产平台的主要功能包括数据生命周期、数据交易市场、数据标准管理、数据指标管理、数据资产管理、数据可视化服务、数据模型管理、元数据管理、数据质量管理、主数据管理、数据共享交互、数据安全与隐私保护（见图4-1）。

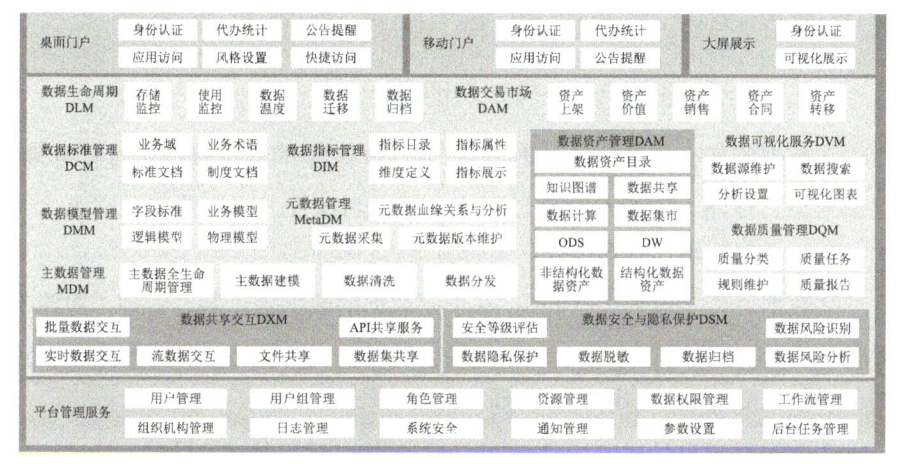

图4-1 功能架构

4.1.3 数据资产应用场景

4.1.3.1 数据标准咨询成果内容承载与知识管理

数据标准管理应用融入了企业的数据分类研究、业务架构梳理、领先实践研究、体系框架设计的咨询成果。主要包括数据标准（主数据标准、指标数据标准）的创建、审核、发布查询等功能。

4.1.3.2 数据指标统一管理和使用

按照指标全生命周期管理理念，根据业务管理体系的总体要求，建设全集团统一、高效实用的指标管理工具，并与数据管控平台下的其他功能集成，从而更好的挖掘数据价值。通过信息系统固化指标的入库、修编、应用、出库等指标体系的构建，为指标全生命周期管理提供强有力的信息支撑。

4.1.3.3 经营管理相关的数据治理功能

财务共享服务核心系统的建设一方面满足企业与共享中心日常业务处理及运营管理的要求，同时通过财务共享服务核心系统的建设基于端到端的业务处理原则，打通各系统间的壁垒，实现各系统间数据信息的互联互

69

通、消除信息孤岛，促进业、财、税、金的深度融合。

4.1.3.4 数据资产目录与知识图谱

①数据资产全生命周期（时间）：基于元数据的数据资产全过程管理，包括采集、存储、应用及管理过程的全记录与监控。权衡效率和需求之间的关系，合理分级存储和保留、销毁数据。

②数据资产全流程（空间）：基于元数据的数据资产溯源管理（血缘与影响分析），包括数据来源、存储位置、处理方式、流转过程、安全稽查规则，能追本溯源的发现所有资产的"前世今生"。

③数据资产全景式（场景）：基于元数据的资产全场景视图，从应用场景的维度出发，既有全局规划的管理者，也有关注细节定义的使用者，还有加工、运维的开发者，提供多层次的图形化展示，满足应用场景的图形查询和辅助分析。

④知识图谱管理：图谱模型管理以对象、属性、关系为要素，对统一的本体数据模型进行管理，包括定义对象类型、属性类型、关系类型，以及模型视图、高级搜索配置等功能。

4.1.3.5 企业生产经营在线监管

看清企业全貌，以企业画像为主线将各种需求和众多系统衔接起来，避免盲人摸象。支持360度企业画像，包括财务类指标、交易图谱、经营类数据、产权/投融资、新闻舆情、风险地图等功能。

4.2 数据中台建设

数据中台充当着企业前台业务与后台基础设施之间的桥梁，它是一个用于数据共享和能力复用的企业级平台。数据中台的核心作用是将企业内部海量、多样、复杂的数据资源进行整合，并将其转化为有价值的数据资产。这为业务前台提供了坚实的数据资源和能力支持，帮助企业实现精细化运营，从而驱动企业的运营效率和业务创新。

企业根据自身的信息化水平和业务需求，定义数据中台的能力，并据此选择合适的数据组件来构建中台。数据中台的稳固性建立在多样化的数据技术之上，这些技术使得数据中台能够高效地进行数据的收集、处理、存储、计算、分析和可视化，确保数据能够被无缝地融入业务流程中，并最终转化为企业的核心资产。

从更广泛的意义上说，数据中台不仅仅是技术平台，它还是一种组织管理模式和理念。这种模式将公司的战略决心、组织架构和技术架构融为一体，通过构建统一的协同基座来支持和协调各个业务部门。数据中台化组织有助于用技术拓展商业边界，并为新业务和新部门的成长提供支持空间。通过这种方式，数据中台促进了企业内部的协同工作，提高了对市场变化的响应速度，增强了企业的竞争力。

构建数据中台是一个复杂的技术工程，其中技术架构的设计至关重要。这一架构必须平衡可扩展性、敏捷性和轻量化的需求，以保证与前台应用的紧密协作和高效互动。数据中台利用灵活的服务编排机制来迅速响应前台的需求变化，实现应用功能按需动态调整和优化。在设计原则上，数据中台遵循"高内聚、松耦合"的理念，这意味着系统内部的各个组件紧密相关，而与外部系统的耦合则尽可能地松散。这样的设计使得数据中台能够无缝集成分布式计算、微服务架构、容器云技术、DevOps实践、大数据处理及高可用性和高并发架构等先进技术。通过这些技术的综合应用，数据中台形成了一套成熟的实施方法论，为推动企业数字化转型提供了坚实的基础。这些实践不仅提高了数据处理的效率和可靠性，还加快了企业对市场变化的响应速度，增强了企业的创新能力和竞争力。

4.2.1 数据采集汇聚

鉴于各业务领域的数据结构与定义存在差异，而且这些数据可能散布于不同的数据中心，导致跨系统数据应用面临重重挑战。为此，数据采集平台应运而生，其核心功能在于将广泛分布于各数据中心、业务系统及外部来源的多样化数据进行采集与汇聚。这一过程不仅涵盖了外部数据、非结构化数据的整合，还深入各个业务板块的系统内部，确保所有关键数据都能被有效采集并传输至统一的数据存储与计算平台。通过这一平台，实现了数据的统一存储管理，有效打破了数据孤岛现象，促进了不同数据源之间的互联互通。无论是异构存储系统还是复杂网络环境，都能在此框架下实现数据的无缝流通与共享，为企业的数据驱动决策与业务创新奠定了坚实的基础。

4.2.2 数据资产建设

利用数据开发门户，提供一站式的解决方案，涵盖离线、实时数据处理、算法开发，以及全方位的任务运维监控服务。同时，集成了数据标准管理、数据治理、元数据管理和数据安全管理等核心管理服务，确保数据处理流程的规范与安全。此平台能够高效地完成数据清洗、转换与融合等加工任务，并支持数据模型、标签开发及算法模型的快速开发，为数据资产建设提供强大助力。所有数据开发任务均以任务流的形式组织，支持灵活的调度机制，包括基于时间周期和任务间依赖关系的自动调度，并配备实时监测功能，以基线管理确保业务数据的稳定产出与质量。

4.2.3 数据资产管理

数据资产管理框架内，展示了资产的基础数据概览，包括资产源、数据表、标签及应用的总数。通过业务视图，用户可以清晰看到资产的流转路径，即从哪个部门起源，最终服务于哪个部门，以及这一过程中涉及的数据加工模型和最终生成的资产。同时，资产的整体价值与质量也被详细呈现，特别是这些价值在标签、资产源和资产部门三个维度上的具体分布情况更为直观，为用户提供全面的资产洞察。

4.2.4 数据服务管理

数据服务管理作为数据应用的统一接入点，实现了对数据资源、工具集与应用程序的集成管理，并提供了一系列服务支持，涵盖分析服务、查询服务、算法模型服务及数据服务 API（应用程序编程接口）的集中管理。在此平台上，服务的发布者能够轻松发布多样化的数据服务，而服务的使用者则需通过申请相应权限来访问这些服务。整个数据服务平台采用统一管控模式，不仅简化了服务调用的流程，还便于对服务的使用效果进行监控与统计分析，从而提升了数据服务的整体效能与管理效率。

4.2.5　数据应用

数据应用部分依托于数据中台，构建多元化、个性化的定制数据应用系统，借助数据服务管理平台，依托已加工的数据资产，提供多样化的数据服务。这涵盖了 BI 分析与可视化大屏等数字化运营支持，以及个性化推荐、商机匹配、搜索优化、信用指数等创新数据应用服务。

数据中台技术平台的核心价值显著，具体体现在以下几个方面。

第一，降低数据建设成本，提高数据治理效率：数据中台的建设旨在帮助企业降低数据建设成本并提高数据治理效率。它通过整合企业内部海量、多源、异构的数据，将这些数据资产化，为业务前台提供坚实的数据资源和能力支持。这一整合过程不仅解决了企业信息管理中的数据烟囱问题，而且从数据的全生命周期角度进行管理，消除了数据的二义性，提高了数据的透明度和利用率。数据中台的建设包括数据建设规范和数据消费规范的制定，这些规范有助于企业更有效地发挥数据及分析技术对前台业务的复用价值。通过数据中台，企业能够降低数据计算与存储成本，减少因数据体系建设不一致或重复建设导致的人力成本浪费。同时，数据中台增强了系统和能力的复用性，当业务量增加或数据连接点、流程发生变化时，能够避免系统的重复建设，支持新业务形态的产生和快速发展。此外，数据中台还促进了技术与业务部门的紧密协作，实现了数据的实时共享，直接赋能业务，提升了企业数据治理全链条的时效性与灵敏度。这避免了技术与业务两大部门因信息不对称而导致的认知偏差，确保了数据能够在企业内部高效、安全地流通和应用，最终转化为企业的核心资产。通过这样的数据中台建设，企业能够实现数据的统一收集、精细处理、安全储存、智能计算、深度分析及直观可视化，确保数据能够融入业务链条，实现数据的价值最大化。

第二，激活数据商业价值，赋能企业运营与决策：在数字化转型的背景下，提升对数据的管理利用能力是企业的重要目标。数据中台通过资产化的方式，将不同系统、不同类型的数据纳入一个可比较、可计算的范畴，使得企业能够在日常运营中轻松进行数据的搜索、筛选和管理，从而充分释放数据的商业潜力。此外，数据中台还满足了当前业务与数据协作的需求，形成了价值链的闭环。在实现数据接口标准化和在线交互实时化的基础上，数据中台集成了快速复用的数据生产力工具或模块，赋予数据对外服务的能力，为全流程的部门和人员提供智能服务，使每个层级的员工都能迅速制订适合自己的数据决策服务，有效支持业务决策过程。数据中台的建设还有助于改造企业业务流程和升级组织架构。传统的业务流程往往依赖于业务人员的经验，而数据中台的部署应用使企业能够从流程驱动转向数据驱动，加快业务流程的迭代速度，提高决策的准确性。同时，数据中台的部署打破了数据孤岛和部门间的壁垒，提升了企业组织的灵活性和响应速度。在实施数据中台时，企业需要考虑技术架构的可扩展性、敏捷性和轻量化，并注重与前台应用的紧密互动。数据中台的设计遵循"高内聚、松耦合"的原则，融合了分布式计算、微服务架构、容器云技术、DevOps实践、大数据处理等先进技术，形成了一套成熟的实施方法论。这些技术的应用不仅提高了数据处理的效率，还增强了数据的安全性和合规性，为企业数字化转型奠定了坚实的基础。

第三，改造企业业务流程，升级企业组织架构：在传统的作业模式中，业务流程往往呈现出"流水线"的特点，依赖于业务人员的经验来设计流程，并利用商业软件套件来建立和操作业务系统。在这种模式下，数据仅仅是用来监控业务进展和发现规律的副产品，而决策则带有很大的不确定性，而且整个业务流程的迭代速度缓慢。数据中台的引入使得大数据成为决策的核心，推动业务流程向快速、扁平化的方向发展，从而实现了从依赖个人经验的流程驱动向数据驱动的转变。数据中台还解决了数据孤岛、业务割裂和资源分配不均等问题，通过打破数据壁垒和部门间的障碍，提高了企业组织的灵活性，促进了跨部门的协作和资源的整合。这些变革不仅加快了业务流程的优化和迭代，而且为企业实现整体战略目标提供了强有力的支持。

第 5 章

A 电力公司的数据治理实践案例

▶▶ 5.1 案例背景与选择理由

A 电力公司是一家在能源领域具有重要地位的企业，随着业务的不断发展和数字化转型的加速，公司面临着数据管理方面的诸多挑战。数据来源复杂、质量参差不齐、安全风险增加及决策流程不够高效等问题日益凸显。为了应对这些挑战，A 电力公司决定开展数据治理实践，以提升数据质量和安全，优化决策流程，提高企业的竞争力。

选择 A 电力公司作为案例的理由主要有以下几点。①行业代表性：电力行业是国民经济的重要基础产业，A 电力公司在行业中具有一定的规模和影响力，其数据治理实践对其他电力企业具有借鉴意义。②问题典型性：A 电力公司面临的数据管理问题在许多企业中普遍存在，如数据质量不高、安全风险大、决策流程不优化等，通过对其案例的分析，可以为其他企业提供解决问题的思路和方法。③实践创新性：A 电力公司在数据治理方面采取了一系列创新的策略和方法，取得了显著的成效，这些实践经验可以为其他企业提供参考和启示。

5.2 目标设定：提升数据质量与安全，优化决策流程

5.2.1 数据质量与安全的重要性

5.2.1.1 数据质量的重要性

（1）支持准确决策

高质量的数据能够为决策者提供准确的信息，帮助他们了解市场趋势、客户需求、业务状况等，从而做出更加科学合理的决策。例如，在市场调研中，如果数据不准确，可能会导致企业对市场需求的误判，进而影响产品的研发和营销策略的制定。

（2）提高运营效率

准确的数据可以帮助企业优化业务流程，提高运营效率。例如，在供应链管理中，准确的库存数据可以帮助企业合理安排生产和采购计划，减少库存积压和缺货现象，降低成本。

（3）增强竞争力

拥有高质量的数据可以使企业在市场竞争中脱颖而出。通过对数据的深入分析，企业可以发现新的市场机会、优化产品和服务，提高客户满意度，从而增强竞争力。

5.2.1.2 数据安全的重要性

（1）保护企业资产

数据是企业的重要资产，包括客户信息、财务数据、商业机密等。保障数据安全可以防止这些资产被窃取、篡改或破坏，保护企业的利益。

（2）维护企业声誉

如果企业的数据发生泄露或安全事故，可能会对企业的声誉造成严重影响。客户可能会对企业的安全性产生怀疑，从而导致客户流失。因此，保障数据安全对于维护企业声誉至关重要。

（3）遵守法律法规

许多国家和地区都出台了严格的数据保护法律法规，企业必须遵守这些法规，保障数据安全。否则，企业可能会面临巨额罚款和法律诉讼。

5.2.2 数据质量与安全面临的挑战

5.2.2.1 数据质量遭遇的挑战

（1）数据来源的多元性

伴随信息技术的不断进步，企业的数据来源日益丰富多样，涵盖内部业务系统、外部合作伙伴及社交媒体等方面。不同来源的数据在格式、标准及质量上存在较大差异，这给数据的整合与质量管控带来了极大的难题。

（2）数据量庞大且增长迅猛

处于大数据时代，企业所面临的数据量呈现出爆炸式增长态势。海量的数据使得数据处理与质量控制的难度大幅增加，容易出现数据错误、缺失及不一致等各类问题。

（3）数据更新的频繁性

在部分业务领域中，数据的更新极为频繁，如金融市场、电子商务等领域。快速变化的数据需要得到及时的更新与处理，否则将会影响数据的准确性与时效性。

（4）人为因素的影响

人为因素同样是影响数据质量的关键因素之一。例如，数据录入出现错误、数据被篡改、数据发生泄露等情况都有可能致使数据质量下滑。

5.2.2.2 数据安全面临的挑战

（1）网络攻击风险加大

随着互联网的普及和信息技术的发展，网络攻击的手段和方式也越来越多样化。黑客可以通过恶意软件、网络钓鱼、SQL（结构化查询语言）注入等方式窃取企业的数据，给企业带来巨大的损失。

（2）内部人员风险

内部人员也是数据安全的一个重要威胁。内部员工可能由于疏忽、恶意或被外部人员利用而泄露企业的数据。例如，员工可能将敏感数据发送到个人邮箱或存储在不安全的设备上。

（3）移动设备和云计算的普及

移动设备和云计算的普及给企业的数据安全带来了新的挑战。员工使用移动设备访问企业数据时，可能会面临数据泄露的风险。而云计算环境中的数据存储和处理也需要更加严格的安全措施保障安全。

（4）法律法规的不断变化

数据保护法律法规的不断变化也给企业的数据安全管理带来了很大的挑战。企业需要不断调整自己的数据安全策略和措施，以满足法律法规的要求。

5.2.3 提升数据质量的策略与方法

5.2.3.1 构建数据质量管理体系

（1）确立数据质量标准

企业需依据自身业务需求与数据特性，明确制定数据质量标准，涵盖数据的准确性、完整性、一致性、时效性等方面的具体要求。

（2）创建数据质量监控机制

通过创建数据质量监控机制，对数据实施实时监测与分析，及时察觉数据质量问题，并采取相应举措加以处理。例如，可运用数据质量监测工具对数据进行定期检查与评估。

（3）开展数据清洗与整理工作

针对存在质量问题的数据进行清理和规整，去除错误、重复及不一致的数据。可以使用数据清洗工具和算法对数据进行自动化处理。

（4）强化数据录入与更新管理

规范数据录入和更新流程，加大对数据录入人员的培训与管理力度，确保数据的准确性和时效性。例如，可采用数据录入校验工具对数据进行实时校验。

5.2.3.2 数据集成与整合

（1）规范数据格式与标准

在开展数据集成与整合工作时，需对数据格式和标准进行统一化处理，以确保不同来源的数据能够相互兼容并实现整合。可借助数据转换工具及技术，把不同格式的数据转化为统一的格式。

（2）构建数据仓库

建立数据仓库，对企业的各类数据进行集中存储与管理，以便于数据的查询、分析及共享。数据仓库可通过关系型数据库、数据集市等技术来实现。

（3）运用 ETL（提取、转换、加载）工具

ETL 工具能够协助企业从不同的数据源中抽取数据并进行清洗、转换操作，然后加载到数据仓库中。使用 ETL 工具能够提升数据集成与整合的效率与质量。

5.2.3.3 数据治理

（1）构建数据治理组织架构

成立专门的数据治理机构，承担制定数据治理策略、监管数据质量与安全、协调各部门间数据管理工作等职责。该数据治理组织可由企业高层领导、数据管理人员、业务部门代表等共同组成。

（2）确立数据治理制度与流程

制定数据治理制度和流程，明晰数据的所有权、责任及使用权限等内容。与此同时，建立数据治理考核机制，对各部门的数据管理工作进行考核与评价。

（3）强化数据文化建设力度

大力加强数据文化建设，提升员工的数据意识和数据素养水平。通过培训、宣传等方式，使员工认识到数据的重要性，掌握数据管理的方法与技巧，养成良好的数据使用习惯。

5.2.4 保障数据安全的策略与方法

5.2.4.1 网络安全防护举措

（1）配置防火墙与入侵检测系统

安装防火墙和入侵检测系统，以抵御外部网络攻击。防火墙能够阻拦未经许可的访问，入侵检测系统可实时监控网络流量，及时察觉并阻止恶意攻击行为。

（2）实施数据传输与存储加密

对数据的传输和存储进行加密处理，防范数据被窃取或篡改。可运用SSL/TLS协议对数据传输进行加密，采用加密算法对数据存储进行加密操作。

（3）强化用户身份认证与访问管控

加大用户身份认证和访问控制力度，保证只有获得授权的用户方可访问敏感数据。可以使用多因素身份认证、访问控制列表等技术实现这个目的。

5.2.4.2 数据备份与恢复

（1）定期进行数据备份

定期进行数据备份，防止数据丢失。可以使用磁带备份、磁盘备份、云备份等方式进行数据备份。

（2）建立灾难恢复计划

建立灾难恢复计划，确保在发生数据丢失或系统故障时，能够快速恢复数据和业务系统。灾难恢复计划应包括备份数据的恢复流程、系统恢复的时间目标等。

5.2.4.3 内部人员管理

（1）加强员工安全意识培训

加强员工安全意识培训，提高员工的数据安全意识和防范能力。培训内容应包括数据安全制度、网络安全知识、密码管理等方面。

（2）建立内部审计机制

建立内部审计机制，对员工的数据访问和操作行为进行审计，发现并防范内部人员的数据安全风险。内部审计可以采用日志审计、数据库审计等技术实现。

5.2.4.4 合规策略

（1）了解和遵守数据保护法律法规

企业应了解和遵守所在国家和地区的数据保护法律法规，确保数据的收集、存储、使用和披露符合法律法规的要求。

（2）建立数据隐私保护制度

建立数据隐私保护制度，明确数据的隐私保护原则和措施。例如，对敏感数据进行加密存储、限制数据的访问权限等。

5.2.5 高质量与安全的数据对决策流程的支持

5.2.5.1 准确信息的提供

具备高质量与安全性的数据，可以向决策者呈献准确且可靠的信息，助力他们洞悉市场趋势、客户需求及业务状况等，进而做出更为科学合理的决策。

5.2.5.2 支持数据分析与预测

借助对高质量与安全的数据进行分析和挖掘，能够发掘出数据中潜在的规律与趋势，为决策者提供预测及预警信息，促使他们提前做出决策。

5.2.5.3 提高决策的效率和及时性

高质量与安全的数据可以通过自动化的数据分析和决策支持系统，快速为决策者提供决策信息，提高决策的效率和及时性。

5.2.5.4 降低决策风险

准确、可靠的数据可以帮助决策者更好地评估决策的风险和收益，从而降低决策风险。

5.2.6 优化决策流程的具体途径

5.2.6.1 建立数据驱动的决策文化

（1）培养决策者的数据意识

培养决策者的数据意识，让他们认识到数据在决策中的重要性，养成依靠数据进行决策的习惯。

（2）建立数据分析团队

建立数据分析团队，负责收集、整理和分析数据，为决策者提供决策支持。数据分析团队可以由数据分析师、业务专家等组成。

（3）推广数据分析工具和技术

推广数据分析工具和技术，让决策者和业务人员能够熟练使用数据分析工具，提高数据分析的效率和质量。

5.2.6.2 优化决策流程

（1）明确决策目标和标准

在决策过程中，应明确决策目标和标准，确保决策的方向和重点明确。同时，应建立决策评估机制，对决策的效果进行评估和反馈。

（2）收集和分析相关数据

在决策过程中，应收集和分析相关数据，为决策提供支持。数据的收集应具有针对性和时效性，分析应采用科学的方法和工具。

（3）制订多种决策方案

在决策过程中，应制订多种决策方案，并对每种方案进行评估和比较。选择最优的决策方案，降低决策风险。

（4）实施决策并进行监控和调整

在决策实施后，应进行监控和调整，及时发现问题并采取相应的措施进行调整。同时，应建立决策反馈机制，对决策的效果进行评估和反馈，为下一次决策提供经验教训。

5.3 策略实施：制订与执行数据治理计划

5.3.1 数据治理的概念、目标和重要性

5.3.1.1 数据治理的概念

数据治理是指对数据的全生命周期进行管理，包括数据的采集、存储、处理、分析、共享和使用等环节。数据治理的目标是确保数据的质量、安全性、可用性和价值，以支持企业和组织的决策方案制订、业务运营和创新发展。

5.3.1.2 数据治理的目标

（1）提高数据质量

确保数据的准确性、完整性、一致性和时效性，提高数据的可信度和可用性。

（2）保障数据安全

保护数据的机密性、完整性和可用性，防止数据泄露、篡改和丢失。

（3）提高数据可用性

确保数据能够及时、准确地被获取和使用，满足企业和组织的业务需求。

（4）实现数据价值最大化

通过对数据的有效管理和利用，挖掘数据的潜在价值，为企业和组织创造更多的经济效益和社会效益。

5.3.1.3 数据治理的重要性

（1）支持决策方案的制订

高质量的数据可以为企业和组织的决策方案制订提供准确、可靠的依据，提高决策的科学性和有效性。

（2）提高运营效率

通过对数据的有效管理和利用，可以优化业务流程，提高运营效率，降低成本。

（3）增强竞争力

拥有高质量的数据和有效的数据治理体系可以使企业和组织在市场竞争中脱颖而出，获得竞争优势。

（4）满足合规要求

许多行业和领域有严格的数据合规要求，如金融、医疗、电信等行业。通过数据治理，可以确保企业和组织满足这些合规要求，避免法律风险。

5.3.2 制订数据治理计划的步骤和方法

5.3.2.1 确定治理目标

（1）明确业务需求

了解企业和组织的业务目标和战略规划，确定数据治理对业务的支持需求。

（2）确定治理重点

根据业务需求和数据现状，确定数据治理的重点领域，如数据质量、数据安全、数据架构等。

（3）制订具体目标

将治理重点转化为具体的治理目标，如提高数据准确性到 95% 以上、确保数据安全符合行业标准等。

5.3.2.2 构建治理团队

（1）选定团队成员

涵盖数据管理员、业务分析师、技术专家及法律顾问等人员，保证团队成员拥有相应的专业知识与技能。

（2）明晰职责划分

明确团队成员各自的职责与分工，以确保数据治理工作得以顺利推进。

（3）创设沟通机制

建立团队成员之间的沟通渠道，确保信息能够及时传递、问题得以迅速解决。

5.3.2.3 评估数据现状

（1）数据盘点

对企业和组织的数据资源进行全面盘点，了解数据的类型、来源、存储位置、使用情况等。

（2）数据质量评估

通过抽样检查、数据分析等方法，评估数据的准确性、完整性、一致性和时效性等质量指标。

（3）数据安全评估

评估数据的安全风险，包括数据泄露、篡改、丢失等风险，以及现有的安全措施是否有效。

5.3.2.4 确立治理策略

（1）数据质量管控策略

其涵盖数据标准的确定、数据的清洗及数据的验证等举措，致力于提升数据质量。

（2）数据安全保障策略

其包含数据加密、访问权限控制、备份与恢复等措施，以确保数据安全。

（3）数据架构优化策略

其包括数据模型的设计、数据仓库的构建、数据集成等办法，以优化数据架构。

（4）数据治理流程管理策略

其包括数据治理流程的设计、优化和执行，以确保数据治理工作的高效开展。

5.3.2.5 构建治理流程

（1）数据治理流程规划

依据治理策略，对数据治理的各个流程进行规划设计，如数据质量检查的流程、数据安全审批的流程等。

（2）流程优化改进

对规划好的流程进行优化调整，去除繁杂的环节，提升流程的效率与成效。

（3）流程执行监督

建立流程执行的监督机制，保证流程得以有效实施。

5.3.3 执行数据治理计划的挑战与解决方案

5.3.3.1 挑战

（1）组织文化阻力

数据治理需要改变员工的工作习惯和思维方式，可能会遇到组织文化的阻力。

（2）技术难题

数据治理涉及复杂的技术问题，如数据集成、数据清洗、数据安全等，可能会遇到技术难题。

（3）资源限制

数据治理需要投入大量的人力、物力和财力，可能会受到资源限制。

（4）利益冲突

数据治理可能会涉及不同部门之间的利益冲突，如数据所有权、数据使用权限等。

5.3.3.2 解决方案

（1）加强沟通与培训

加强与员工的沟通，让员工了解数据治理的重要性和意义，同时开展数据治理培训，提高员工的数据治理意识和技能。

（2）引入先进技术

采用前沿的数据治理技术和工具，如数据质量管理和数据安全管理工具，以提升数据治理的效率和成效。

（3）合理规划资源

合理规划数据治理的资源需求，制订详细的预算计划，确保资源的合理分配和利用。

（4）建立协调机制

建立协调机制，协调不同部门之间的利益冲突，确保数据治理工作的顺利开展。

5.3.4 数据治理计划的案例分析

5.3.4.1 案例背景

某大型企业在业务发展过程中面临着数据质量问题、数据安全风险及数据管理的复杂性等挑战。为了有效管理和利用数据资源，提高企业的竞争力，该企业决定制订并执行数据治理计划。

5.3.4.2 治理目标

（1）提高数据质量

将数据准确性提高到95%以上，将数据完整性提高到90%以上，将数据一致性提高到95%以上。

（2）保障数据安全

确保数据安全符合行业标准，防止数据泄露、篡改和丢失。

（3）提高数据可用性

确保数据能够及时、准确地被获取和使用，满足企业的业务需求。

5.3.4.3 治理团队

（1）成立数据治理委员会

数据治理委员会由企业高层领导担任委员会主任，各部门负责人担任委员会成员，负责制定数据治理的战略规划和决策。

（2）组建数据治理办公室

数据治理办公室由数据管理员、业务分析师、技术专家等组成，负责具体的数据治理工作。

5.3.4.4 数据现状评估

（1）数据盘点

对企业的数据资源进行全面盘点，发现企业拥有大量的数据资源，包括客户数据、销售数据、财务数据等。

（2）数据质量评估

通过抽样检查、数据分析等方法，发现企业的数据质量存在一些问题，如数据准确性不高、数据完整性不足、数据一致性较差等。

（3）数据安全评估

评估企业的数据安全风险，发现企业的数据安全措施存在一些漏洞，如数据加密不严格、访问控制不完善等。

5.3.4.5 治理策略的制定

（1）数据质量管控策略

确立数据标准，对数据的格式、内容及取值范围加以规范；构建数据清洗机制，剔除数据中的错误及重复数据；创设数据验证机制，保证数据的准确性与完整性。

（2）数据安全保障策略

强化数据加密，运用先进的加密算法对敏感数据予以加密处理；健全访问控制，构建严格的用户权限管理机制；设立备份恢复机制，定期对数据进行备份操作，确保数据的安全性与可用性。

（3）数据架构优化策略

改良数据模型，建立统一的数据模型架构，提升数据的一致性与可维护性；建设数据仓库，将分散的数据进行集中存储，提高数据的可用性与分析效率。

（4）数据治理流程管理策略

规划数据治理流程，明确各个环节的职责与工作流程；建立流程执行监督机制，确保流程得以有效执行。

5.3.4.6 治理流程建立

（1）数据质量检查流程

定期对数据进行质量检查，发现问题及时通知相关部门进行整改。

（2）数据安全审批流程

对敏感数据的访问和使用进行审批，确保数据的安全性。

（3）数据架构变更流程

对数据架构的变更进行审批和管理，确保数据架构的稳定性和可扩展性。

5.3.4.7 实施效果

（1）数据质量得到显著提高

数据准确性提高到95%以上，数据完整性提高到90%以上，数据一致性提高到95%以上。

（2）数据安全得到有效保障

加强了数据加密和访问控制，建立了备份恢复机制，确保了数据的安全性和可用性。

（3）数据可用性得到提高

优化了数据架构，建设了数据仓库，提高了数据的可用性和分析效率。

（4）企业竞争力得到提升

通过数据治理，该企业提高了数据管理水平，为企业的决策方案制订和业务运营提供了有力支持，提升了企业的竞争力。

5.3.5 结论

制订与执行数据治理计划是企业和组织有效管理和利用数据资源的重要手段。通过确定治理目标、组建治理团队、评估数据现状、制定治理策略和建立治理流程等步骤，可以制订出科学合理的数据治理计划。在执行数据治理计划过程中，可能会遇到组织文化阻力、技术难题、资源限制和利益冲突等挑战，需要通过加强沟通与培训、引入先进技术、合理规划资源和建立协调机制等解决方案来克服。通过实际案例分析，可以看到数据治理计划的实施效果和价值。

5.4 成果评估：数据质量与安全的显著提升

5.4.1 数据质量与安全的重要性

5.4.1.1 数据质量的关键意义

（1）助力准确决策

高质量的数据能够为决策者呈献准确且可靠的信息，助力他们做出明智决策。倘若数据存在错误、不完整或者不一致等情况，极有可能导致决策失误，给企业和组织带来严重后果。

（2）提升运营效率

良好的数据质量能够优化业务流程，提升运营效率。例如，准确的客户信息有助于企业更好地洞悉客户需求，提供个性化服务，提高客户满意度；完整的库存数据能够帮助企业合理规划生产和采购计划，降低库存成本。

（3）强化竞争力

在竞争激烈的市场环境下，拥有高质量的数据能够让企业和组织崭露头角。通过对数据的深入分析与挖掘，企业可以发现新的市场机遇、优化产品与服务，增强自身竞争力。

5.4.1.2 数据安全的重大意义

（1）守护企业与组织资产

数据作为企业和组织的关键资产，涵盖客户信息、财务数据及商业机密等内容。保障数据安全能够防止这些资产遭到窃取、篡改或者破坏，确保企业和组织的正常运转。

（2）维系客户信任关系

客户的个人信息与交易数据需要得到妥善守护。倘若企业和组织无法确保数据安全,可能会致使客户信任度下降,甚至失去客户。

(3) 遵循法律法规要求

众多国家和地区都出台了严格的数据保护法律法规,企业和组织必须遵守这些法律法规,以保障数据安全。否则,可能会面临高额罚款及法律诉讼风险。

5.4.2 数据质量与安全面临的挑战

5.4.2.1 数据质量面临的挑战

(1) 数据来源多样化

随着信息技术的发展,企业和组织的数据来源越来越多样化,包括内部业务系统、外部合作伙伴、社交媒体等。不同来源的数据格式、标准和质量参差不齐,给数据整合和质量控制带来了很大的困难。

(2) 数据量大且增长迅速

大数据时代,企业和组织面临的数据量呈爆炸式增长。海量的数据使得数据处理和质量控制变得更加复杂,容易出现数据错误、遗漏和不一致等问题。

(3) 数据更新频繁

在一些业务领域,数据更新非常频繁,如金融市场、电子商务等。快速变化的数据需要及时进行更新和处理,否则会影响数据的准确性和时效性。

(4) 人为因素

人为因素也是影响数据质量的重要因素之一。例如,数据录入错误、数据篡改、数据泄露等都可能导致数据质量下降。

5.4.2.2 数据安全面临的挑战

(1) 网络攻击风险

随着互联网的普及和信息技术的发展,网络攻击的手段和方式也越来越多样化。黑客可以通过恶意软件、网络钓鱼、SQL 注入等方式窃取企业和组织的数据，给数据安全带来了巨大的威胁。

（2）内部人员风险

内部人员也是数据安全的一个重要威胁。内部员工可能由于疏忽、恶意或被外部人员利用而泄露企业和组织的数据。例如，员工可能将敏感数据发送到个人邮箱或存储在不安全的设备上。

（3）移动设备和云计算的普及

移动设备和云计算的普及给企业和组织的数据安全带来了新的挑战。员工使用移动设备访问企业和组织的数据时，可能会面临数据泄露的风险。而云计算环境中的数据存储和处理也需要更加严格的安全措施保障安全。

（4）法律法规的不断变化

数据保护法律法规的不断变化也给企业和组织的数据安全管理带来了很大的挑战。企业和组织需要不断调整自己的数据安全策略和措施，以满足法律法规的要求。

5.4.3 提升数据质量的策略和方法

5.4.3.1 建立数据质量管理体系

（1）设定数据质量的衡量基准

企业或组织需依据其独特的业务需求和数据特性，确立一套清晰的数据质量标准体系，该体系应涵盖数据准确性、完备性、一致性和时效性等关键维度。

（2）构建数据质量监控体系

为有效管理数据质量，应构建一个全面的监控机制，实现对数据的实时追踪与分析，以便迅速识别并解决数据质量问题。例如，可以引入数据质量监控工具，定期对数据进行系统的检查和评估工作。

（3）实施数据净化与整合流程

针对存在质量缺陷的数据，需执行净化与整合操作，以剔除错误、冗余及不一致的信息。此过程可借助数据清洗工具及先进算法实现自动化处理。

（4）优化数据录入与更新流程

应规范数据的录入与更新程序，同时强化对数据录入人员的专业培训与日常管理，以确保数据的精确无误及时更新。例如，可引入数据录入校验机制，对数据进行即时的准确性验证。

5.4.3.2 数据集成与整合

（1）统一数据格式和标准

在进行数据集成和整合时，应统一数据格式和标准，确保不同来源的数据能够相互兼容和整合。可以使用数据转换工具和技术，将不同格式的数据转换为统一的格式。

（2）建立数据仓库

建立数据仓库，将企业和组织的各种数据进行集中存储和管理，便于数据的查询、分析和共享。数据仓库可以采用关系型数据库、数据集市等技术实现。

（3）使用 ETL 工具

ETL 工具可以帮助企业和组织从不同的数据源中提取数据，并进行清洗、转换和加载到数据仓库中。使用 ETL 工具可以提高数据集成和整合的效率和质量。

5.4.3.3 数据治理举措

（1）构建数据治理组织架构

成立专门的数据治理机构，承担制定数据治理策略、监管数据质量与安全、协调各部门间数据管理工作等职责。该数据治理组织可由企业和组织的高层领导、数据管理员、业务部门代表等人员共同组成。

（2）确立数据治理制度与流程

确立数据治理制度和流程，明晰数据的所有权、责任及使用权限等内容。与此同时，应建立数据治理考核机制，对各部门的数据管理工作进行考核与评价。

（3）强化数据文化建设力度

大力加强数据文化建设，提升员工的数据意识和数据素养水平。通过培训、宣传等方式，使员工认识到数据的重要性，掌握数据管理的方法与技巧，养成良好的数据使用习惯。

5.4.4 提升数据安全的策略和方法

5.4.4.1 网络安全防护策略

（1）安装防火墙与入侵检测系统

部署防火墙和入侵检测系统，以抵御外部网络攻击。防火墙能够阻拦未经许可的访问，入侵检测系统可实时监控网络流量，及时发现并阻止恶意攻击行为。

（2）实施数据传输与存储加密

对数据进行加密传输和存储，防止数据被窃取或篡改。可运用SSL/TLS协议对数据传输进行加密，采用加密算法对数据存储进行加密操作。

（3）强化用户身份认证与访问管控

加大用户身份认证和访问控制力度，确保只有获得授权的用户方可访问敏感数据。应使用多因素身份认证、访问控制列表等技术来实现这个目的。

5.4.4.2 数据备份与恢复

（1）定期进行数据备份

定期进行数据备份，防止数据丢失。可以使用磁带备份、磁盘备份、云备份等方式进行数据备份。

（2）建立灾难恢复计划

建立灾难恢复计划，确保在发生数据丢失或系统故障时，能够快速恢复数据和业务系统。灾难恢复计划应包括备份数据的恢复流程、系统恢复的时间目标等。

5.4.4.3 内部人员管理

（1）加强员工安全意识培训

加强员工安全意识培训，提高员工的数据安全意识和防范能力。培训内容可以包括数据安全制度、网络安全知识、密码管理等方面。

（2）建立内部审计机制

建立内部审计机制，对员工的数据访问和操作行为进行审计，发现并防范内部人员的数据安全风险。内部审计可以采用日志审计、数据库审计等技术实现。

5.4.4.4 合规策略

（1）认知并遵循数据保护法律法规

企业和组织需了解并遵守所在国家及地区的数据保护法律法规，保证数据的收集、存储、使用及披露符合法律规范要求。

（2）构建数据隐私保护机制

建立数据隐私保护制度，明确数据隐私保护的原则与措施。例如，对敏感数据进行加密存储、限定数据的访问权限等。

5.4.5 数据质量与安全的未来发展趋势

5.4.5.1 人工智能与机器学习应用于数据质量及安全

人工智能和机器学习技术能够助力企业和组织自动检测并修复数据质量方面的问题，同时对数据安全风险进行预测和防范。例如，运用机器学习算法针对数据开展异常检测，及时察觉数据中的异常值与错误；借助人工智能技术实施网络安全监测，自动识别并阻止网络攻击。

5.4.5.2 区块链技术在数据安全方面的应用

区块链技术具备去中心化、不可篡改、可追溯等特性，能够为数据安全提供全新的解决方案。例如，利用区块链技术对数据进行加密存储与传输，保障数据的安全性与完整性；通过区块链技术构建数据共享平台，实现数据的安全共享与交换。

5.4.5.3 数据治理的重要性将更加凸显

随着数据的价值不断提高，数据治理将成为企业和组织管理的重要组成部分。数据治理将更加注重数据质量、数据安全、数据隐私保护等方面的管理，确保数据的合规性和可用性。

5.4.5.4 法律法规将更加严格

随着数据安全问题的日益突出，各国政府将加强对数据安全的监管，会出台更加严格的数据保护法律法规。企业和组织将需要更加严格地遵守这些法律法规，加强数据安全管理，保护客户的敏感信息。

5.4.6 结论

数据质量与安全是企业和组织管理的重要组成部分，直接关系到企业和组织的决策、运营和发展。当前，数据质量与安全面临着诸多挑战，需要企业和组织采取有效的策略和方法来提升数据质量与安全。通过建立数据质量管理体系、进行数据集成与整合、加强数据治理、采取网络安全防护措施、进行数据备份与恢复、加强内部人员管理、遵守法律法规等方法，可以有效地提升数据质量与安全。同时，随着人工智能、机器学习、区块链等技术的发展，以及法律法规的不断完善，未来数据质量与安全将迎来新的发展机遇和挑战。企业和组织应积极应对这些机遇和挑战，不断提升数据质量与安全水平，为自身的发展提供有力的支持。

▶▶ 5.5 案例总结：成功要素与改进建议

5.5.1 A电力公司数据治理实践

5.5.1.1 明确治理目标

A电力公司制订了明确的数据治理目标，即建立健全数据治理体系、提高数据质量、保障数据安全、实现数据的全生命周期管理、充分发挥数据价值，为公司的战略发展和业务运营提供有力支撑。

5.5.1.2 组建专业团队

A电力公司成立了由数据管理专家、业务骨干和技术人员组成的数据治理团队，负责数据治理的规划、实施和监督。团队成员具备丰富的数据管理经验和专业知识，能够有效地推动数据治理工作的开展。

5.5.1.3 完善制度体系

A电力公司制定了一系列数据治理制度和规范，包括数据标准、数据质量管理制度、数据安全管理制度、数据生命周期管理制度等。这些制度和规范为数据治理工作提供了明确的指导和依据。

5.5.1.4 采用先进技术

A电力公司引入了先进的数据治理技术和工具，如数据质量管理工具、数据安全防护软件、数据仓库和商业智能平台等。这些技术和工具提高了数据治理的效率和效果，为实现数据价值提供了有力保障。

5.5.1.5 推进数据标准化

A电力公司对数据进行了标准化处理，建立了统一的数据标准与编码规则，以保证不同系统间数据的兼容性和可共享性。同时，A电力公司还建立了数据字典和元数据管理系统，提高了数据的可理解性和可维护性。

5.5.1.6 加强数据质量管理

A电力公司建立了数据质量监测和评估机制，定期对数据质量进行检查和评估，及时发现和解决数据质量问题。同时，A电力公司还加强了对数据录入和采集环节的管理，确保数据的准确性和完整性。

5.5.1.7 加强数据安全管理

A电力公司实施了多项数据安全防护举措，如数据加密、访问管控、备份与恢复等，以保障数据的安全可靠与保密性。与此同时，A电力公司还大力强化对员工的数据安全意识培训，提升员工的数据安全防范水平。

5.5.1.8 挖掘数据价值

A电力公司利用数据仓库和商业智能平台，对数据进行深入分析和挖掘，为公司决策方案的制度和业务创新提供了有力支持。例如，通过对客户用电数据的分析，A电力公司推出了个性化的用电服务方案，提高了客户满意度。

5.5.2 A电力公司数据治理实践的成功要素

5.5.2.1 明确的治理目标

A电力公司制订了明确的数据治理目标，为数据治理工作指明了方向。治理目标的明确性使得A电力公司能够集中资源和力量，有针对性地开展数据治理工作，提高工作效率和效果。

5.5.2.2 强有力的领导支持

A电力公司领导高度重视数据治理工作，将其作为公司的一项重要战略任务来抓。领导的支持为数据治理工作提供了有力的保障，包括资金投入、人员配备、制度支持等方面。

5.5.2.3 专业的团队建设

A电力公司组建了一支专业的数据治理团队，团队成员具备丰富的数据管理经验和专业知识。专业的团队建设为数据治理工作的顺利开展提供了人才保障，确保了数据治理工作的专业性和高效性。

5.5.2.4 完善的制度体系

A电力公司制定了一系列完善的数据治理制度和规范，为数据治理工作提供了明确的指导和依据。完善的制度体系确保了数据治理工作的规范化和标准化，提高了数据治理的质量和效果。

5.5.2.5 先进的技术支撑

A电力公司引入了先进的数据治理技术和工具，提高了数据治理的效率和效果。先进的技术支撑为实现数据价值提供了有力保障，从而使得 A 电力公司能够更好地挖掘数据价值，为决策方案的制订和业务创新提供支持。

5.5.3　A 电力公司数据治理实践中存在的问题

5.5.3.1　数据文化建设有待加强

虽然 A 电力公司领导高度重视数据治理工作，但部分员工的数据意识还比较淡薄，对数据治理的重要性认识不足。数据文化建设的不足可能会影响数据治理工作的深入开展和持续推进。

5.5.3.2　数据治理流程有待优化

目前，A 电力公司的数据治理流程还存在一些不足之处，如流程烦琐、效率低下等。数据治理流程的优化可以提高数据治理的效率和效果，降低数据治理的成本。

5.5.3.3　数据应用场景有待拓展

A 电力公司在数据应用方面已经取得了一定的成效，但数据应用场景还比较有限。拓展数据应用场景可以更好地发挥数据价值，为公司的业务创新和发展提供支持。

5.5.3.4　数据安全防护能力有待提升

随着信息技术的不断发展，数据安全面临的威胁也越来越多。A 电力公司的数据安全防护能力还需要进一步提升，以确保数据的安全性和保密性。

5.5.4　A 电力公司数据治理实践的改进建议

5.5.4.1　加强数据文化建设

①开展数据治理培训和宣传活动，提高员工的数据意识和数据素养。

②建立数据治理激励机制，鼓励员工积极参与数据治理工作。
③营造良好的数据文化氛围，将数据治理融入公司的企业文化中。

5.5.4.2 优化数据治理流程

①对现有数据治理流程进行全面梳理和分析，找出存在的问题和不足。
②简化数据治理流程，去除烦琐的环节，提高流程的效率和效果。
③建立流程监控机制，及时发现和解决流程执行过程中出现的问题。

5.5.4.3 拓展数据应用场景

①加强与外部企业和机构的合作，共同探索数据应用的新场景。
②鼓励内部业务部门创新，积极开展数据驱动的业务创新项目。
③建立数据应用案例库，分享成功的数据应用经验。

5.5.4.4 提升数据安全防护能力

①加强数据安全技术研究和应用，不断提升数据安全防护水平。
②建立数据安全应急响应机制，及时应对数据安全事件。
③加强对员工的数据安全意识培训，提高员工的数据安全防范能力。

5.5.5 结论

A 电力公司的数据治理实践为其他企业提供了有益的参考和借鉴。通过明确治理目标、组建专业团队、完善制度体系、采用先进技术等措施，A 电力公司在数据治理方面取得了显著的成效。然而，A 电力公司在数据治理实践中也存在一些问题，如数据文化建设有待加强、数据治理流程有待优化、数据应用场景有待拓展、数据安全防护能力有待提升等。针对这些问题，我们提出了相应的改进建议，希望能够对 A 电力公司及其他企业的数据治理工作有所帮助。在未来的数据治理工作中，企业应不断探索和创新，持续改进数据治理体系，充分发挥数据价值，为企业的发展提供有力的支撑。

第6章

B电力集团的数据共享与业务协同

6.1 集团概况与数据治理动因

6.1.1 集团概况

B电力集团是一家在能源领域具有广泛影响力的大型企业集团，业务涵盖电力生产、传输、配送及相关的能源服务等领域。集团拥有众多的子公司和分支机构，分布在不同的地区和业务领域。

该集团在长期的发展过程中积累了丰富的电力行业经验和大量的数据资源。然而，随着业务的不断拓展和市场竞争的日益激烈，该集团也面临着一系列的挑战。其中，数据管理和利用方面的问题逐渐凸显，成为制约集团进一步发展的重要因素。

6.1.2 数据治理动因

6.1.2.1 业务发展需求

随着B电力集团业务的多元化和国际化发展，各业务板块之间的联系日益紧密，对数据的共享和协同需求也越来越强烈。例如，电力生产部门需要及时了解市场需求和客户用电情况，以便合理安排生产计划；而营销部门则需要掌握电力生产和供应的实时数据，以便更好地为客户提供服务。

新能源业务的快速发展也对数据治理提出了新的要求。新能源发电具有间歇性和波动性的特点，需要更加精准的数据分析和预测，以实现与传统电力系统的协同运行。

6.1.2.2 数据孤岛问题

B电力集团内部各子公司和部门之间的数据相互独立，缺乏有效的共享和整合机制，形成了众多的数据孤岛。这不仅导致数据资源的浪费，也严重影响了该集团的决策效率和业务协同能力。例如，不同部门可能使用不同的数据标准和系统，导致数据无法互通，重复采集和录入数据的情况时有发生。数据孤岛还使得该集团难以全面了解企业的运营状况，无法进行有效的风险评估和管理。

6.1.2.3 决策支持需求

准确、及时的数据是企业决策的重要依据。然而，由于数据分散、质量不高及缺乏有效的数据分析工具，B电力集团管理层做决策时往往面临着数据不足或不准确的问题。例如，制订投资计划时，需要综合考虑市场需求、电力供应能力、成本效益等因素，而这些数据往往分散在不同的部门和系统中，难以快速获取和整合。

为了提高决策的科学性和准确性，该集团需要建立统一的数据平台，实现数据的共享和分析，为管理层提供全面、准确的决策支持。

6.1.2.4 合规与监管要求

电力行业是国家重要的基础产业，受到严格的监管和合规要求。B电力集团需要确保数据的准确性、完整性和安全性，以满足监管部门的要求。例如，在电力安全生产方面，需要及时准确地记录和报告设备的运行状态、事故隐患等数据，以便监管部门进行监督和检查。

随着数据隐私和安全法规的不断完善，该集团也需要加强对数据的保护，防止数据泄露和滥用。

6.2 目标设定：实现数据共享与业务协同

6.2.1 目标概述

B电力集团的数据共享与业务协同项目旨在打破数据孤岛，实现集团内部数据的共享和流通，提高业务协同效率，为企业的战略决策和业务发展提供有力支持。

6.2.2 数据共享目标

6.2.2.1 建立统一的数据平台

构建集中式的数据平台，整合B电力集团内部各子公司和部门的数据资源，实现数据的统一存储、管理和共享。该平台应具备高可靠性、高可用性和高扩展性，能够满足集团未来业务发展的需求。

制定统一的数据标准和规范，确保数据的一致性和准确性，包括数据定义、数据格式、数据编码等方面的标准，以及数据采集、存储、处理、分析等环节的规范。

6.2.2.2 实现数据的实时共享

建立高效的数据传输和交换机制，确保数据能够在不同部门和系统之间实时共享。采用先进的数据传输技术，如实时数据库、数据总线等，实现数据的快速传输和更新。

建立数据共享的权限管理机制，根据不同用户的需求和权限，实现数据的分级、分类共享。确保数据的安全性和保密性，同时满足业务协同的需求。

6.2.2.3 提高数据质量

建立数据质量监控体系，对数据的准确性、完整性、一致性和及时性进行实时监测和评估。及时发现和纠正数据质量问题，确保数据的可靠性和可用性。

开展数据清洗和整合工作，去除重复数据、纠正错误数据、填补缺失数据，提高数据的质量和价值。

6.2.3 业务协同目标

6.2.3.1 业务流程的优化策略

首先，需要对 B 电力集团内部的所有业务流程进行全面梳理与优化，旨在消除流程中不必要的重复与冗余环节，从而提升业务流程的执行效率与质量。其次，通过促进数据共享与业务协同，推动业务流程向自动化与智能化转型，减少人为干预，有效控制业务成本。同时，应构建跨部门的业务协同体系，清晰界定各部门在业务流程中的具体职责与分工，并加强部门间的沟通与合作。最后，利用数据共享机制，确保业务流程各环节实现无缝对接，进一步提升业务协同效率。

6.2.3.2 提升客户服务品质的策略

为提升客户服务水平，应充分利用数据共享与分析手段，深入洞察客户需求与行为特征，以便为客户提供更加个性化的服务体验。例如，通过分析客户的用电数据，为其量身定制节能建议与用电方案优化；通过实时监测客户设备的运行状态，及时提供故障预警与维修服务，确保客户设备的稳定运行。此外，还需建立有效的客户反馈机制，及时收集并整理客户的意见与建议，作为持续改进服务质量的参考。利用数据共享平台，确保客户反馈信息能在各部门间迅速传递与处理，从而有效提升客户满意度。

6.2.3.3 支持战略决策

利用数据共享和分析，为 B 电力集团的战略决策提供全面、准确的信息支持。通过对市场趋势、竞争对手、客户需求等数据的分析，制定科学合理的战略规划和业务发展策略。

建立数据分析和决策支持系统，为管理层提供可视化的数据分析报表和决策建议。通过数据共享，实现各部门数据的整合和分析，为战略决策提供更加全面、深入的洞察。

6.3 数据架构与共享平台建设

6.3.1 数据架构与共享平台建设的重要性

6.3.1.1 提高数据质量

数据架构与共享平台可以通过制定统一的数据标准、数据清洗和数据验证等手段，提高数据的准确性、完整性和一致性，从而提高数据质量。

6.3.1.2 实现数据共享

通过建设共享平台，企业可以打破部门之间的数据壁垒，实现数据的共享和流通，提高数据的利用率，避免数据重复采集和存储，降低数据管理成本。

6.3.1.3 支持决策的做出

准确、及时的数据是做出决策的重要依据。数据架构与共享平台可以为企业提供全面、准确的数据支持，帮助企业做出更加科学、合理的决策。

6.3.1.4 促进业务创新

通过对数据的深入分析和挖掘，企业可以发现新的业务机会和创新点，推动业务创新和发展。数据架构与共享平台为数据的分析和挖掘提供了基础平台和技术支持。

6.3.2 数据架构与共享平台建设的关键要素

6.3.2.1 数据标准

制定统一的数据标准是数据架构与共享平台建设的基础。数据标准包括数据格式、数据编码、数据字典等方面的规范，确保不同系统之间的数据能够相互理解和共享。

6.3.2.2 数据模型

数据模型是对数据的抽象和描述，它反映了数据的结构、关系和语义。建立合理的数据模型可以帮助企业更好地理解和管理数据，提高数据的可用性和可维护性。

6.3.2.3 数据仓库

数据仓库是数据架构与共享平台的核心组成部分。它用于存储和管理企业的历史数据和汇总数据，为数据分析和决策支持提供数据基础。

6.3.2.4 数据集成

数据集成是将不同来源、不同格式的数据整合到一起的过程。数据集成可以通过数据提取、转换和加载（ETL）工具实现，确保数据的一致性和完整性。

6.3.2.5 数据安全

数据安全是数据架构与共享平台建设的重要保障。企业需要采取一系列措施，如数据加密、访问控制、数据备份等，确保数据的安全性和保密性。

6.3.2.6 数据治理

数据治理是对数据的管理和监督，确保数据的质量、可用性和安全性，包括制定数据制度、建立数据管理组织、监督数据使用等方面的工作。

6.3.3 数据架构与共享平台建设的过程

6.3.3.1 需求分析

在建设数据架构与共享平台之前，企业需要进行充分的需求分析工作，了解企业的数据需求、业务流程和数据管理现状，确定平台的建设目标和功能需求。

6.3.3.2 规划设计

根据需求分析的结果，企业需要进行规划设计工作，确定数据架构与共享平台的总体架构、技术路线、数据模型、数据标准等方面的内容。

6.3.3.3 技术选型

在规划设计的基础上，企业需要进行技术选型工作，选择适合企业需求的数据库管理系统、数据仓库工具、ETL工具、数据分析工具等技术产品。

6.3.3.4 系统开发

根据规划设计和技术选型的结果，企业需要进行系统开发工作，包括数据仓库的建设、ETL程序的开发、数据分析应用的开发等方面的工作。

6.3.3.5 测试上线

系统开发完成后，企业需要进行系统测试工作，确保系统的功能和性能符合要求。测试通过后，企业可以将系统上线运行，并进行后续的维护和优化。

6.3.4 数据架构与共享平台建设面临的挑战

6.3.4.1 数据质量问题

数据质量是数据架构与共享平台建设的关键问题之一。由于数据来源的多样性和数据录入的不规范，企业的数据中可能存在大量的错误、重复和不一致的数据，影响数据的可用性和价值。

6.3.4.2 数据安全问题

随着数据的价值不断提高，数据安全问题也日益凸显。企业需要采取有效的措施，确保数据的安全性和保密性，防止数据泄露和篡改。

6.3.4.3 技术复杂性

数据架构与共享平台建设涉及多种技术和工具，如数据库管理系统、数据仓库工具、ETL 工具、数据分析工具等，技术复杂性较高，需要专业的技术人员进行实施和维护工作。

6.3.4.4 组织协调问题

数据架构与共享平台建设涉及企业的多个部门和业务领域，需要进行有效的组织协调，确保各部门之间的协作和配合，共同推进平台的建设和应用。

6.3.5 未来数据架构与共享平台的发展趋势

6.3.5.1 智能化

随着人工智能和机器学习技术的发展，数据架构与共享平台将越来越智能化。平台将能够自动识别数据质量问题、进行数据清洗和验证、提供数据分析和决策支持等功能。

6.3.5.2 云化

云计算技术的发展将推动数据架构与共享平台的云化。企业可以将数据架构与共享平台部署在云端，享受云计算的高可用性、高扩展性和低成本等优势。

6.3.5.3 实时化

随着业务对数据的实时性要求越来越高，数据架构与共享平台将越来越实时化。平台将能够实时采集、处理和分析数据，为企业提供实时的数据支持。

6.3.5.4 开放化

数据架构与共享平台将越来越开放化。平台将能够与外部系统进行数据交换和共享，实现数据的跨组织、跨行业流通和应用。

6.3.6 结论

数据架构与共享平台建设是企业实现数据管理和价值挖掘的重要手段。通过建设数据架构与共享平台，企业可以提高数据质量、实现数据共享、支持决策的做出、促进业务创新。在建设过程中，企业需要充分考虑数据标准、数据模型、数据仓库、数据集成、数据安全和数据治理等关键要素，面临数据质量、数据安全、技术复杂性和组织协调等挑战。通过实际案例分析，我们可以看到数据架构与共享平台建设的应用效果和价值。未来，数据架构与共享平台将朝着智能化、云化、实时化和开放化的方向发展。企业需要不断探索和创新，适应数据管理的新趋势和新要求，为企业的发展提供有力支持。

▶▶ 6.4 实施过程：从需求分析到系统测试

6.4.1 需求分析

6.4.1.1 业务需求分析

与B电力集团内部各业务部门进行深入的沟通和交流，了解业务需求和痛点。收集业务部门对数据共享和业务协同的需求，包括数据需求、功能需求、性能需求等方面。

对业务需求进行分析和整理，形成业务需求文档。明确业务需求的优先级和实现难度，为项目的规划和设计提供依据。

6.4.1.2 数据需求分析

对B电力集团内部各业务系统的数据进行调研和分析，了解数据的来源、格式、质量和存储方式等情况。收集数据需求,包括数据的内容、范围、频率等方面的要求。

对数据需求进行分析和整理,形成数据需求文档。明确数据需求的优先级和实现难度,为数据架构设计和共享平台建设提供依据。

6.4.2 方案设计

6.4.2.1 总体方案设计

根据业务需求和数据需求,制订数据共享与业务协同的总体方案。总体方案应包括项目的目标、范围、技术架构、实施计划、预算等方面的内容。

总体方案应经过专家评审和管理层审批,确保方案的科学性和可行性。

6.4.2.2 详细方案设计

根据总体方案,进行详细方案设计。详细方案应包括数据架构设计、共享平台建设方案、业务流程优化方案、数据接口规范等方面的内容。

详细方案应经过技术评审和业务部门确认,确保方案的技术可行性和业务适用性。

6.4.3 开发测试

6.4.3.1 开发与实施

依据详细方案开展系统的开发与实施工作。在开发实施进程中,需要遵循软件工程的规范及流程,以确保系统的质量与进度得到保障。

采用敏捷开发方式,强化与业务部门的沟通协作,及时对业务需求的变化做出响应。同时,要高度重视代码的质量与可维护性,为系统的长期稳定运行筑牢基础。

6.4.3.2 系统测试

对开发完成的系统展开全面测试,涵盖功能测试、性能测试、安全测试等方面的内容。在测试过程中，应制订详尽的测试计划、设计测试用例，以确保测试的全面性与有效性。

针对测试中发现的问题，需要及时修复与改进，确保系统的质量与稳定性。同时，需要进行用户验收测试，以确保系统能够满足业务部门的需求与期望。

6.4.4 上线部署

6.4.4.1 上线筹备

拟定系统上线计划，涵盖上线时间、步骤及应急预案等方面的内容。开展上线前的培训与宣传工作，保证用户能够正确使用系统。

对系统进行最后的优化与调整，以确保系统的性能与稳定性。同时，进行数据迁移与备份操作工作，保障数据的安全与完整性。

6.4.4.2 上线运行

依照上线计划，使系统正式上线运行。上线后需要密切关注系统的运行状况，及时处理用户反馈的问题。同时，建立系统运行监控机制，确保系统稳定运行。

6.5 成果展示：提高数据共享与业务协同效率

6.5.1 B电力集团数据共享与业务协同的状况

6.5.1.1 数据管理体系

B电力集团已经建立了较为完善的数据管理体系，包括数据采集、存储、处理和分析等环节。该集团采用了先进的数据仓库技术和商业智能工具，对各类业务数据进行集中管理和分析，为企业的决策提供了有力支持。

6.5.1.2 业务流程

B 电力集团的业务涵盖了发电、输电、配电和售电等环节，各业务部门之间存在着紧密的联系和协作，需要进行大量的数据交换和业务协同。目前，该集团已经建立了部分业务协同机制，如跨部门的项目团队、定期的业务协调会议等，以促进业务的协同发展。

6.5.1.3 信息技术应用

B 电力集团在信息技术应用方面投入了大量的资源，建立了覆盖全集团的企业信息系统，包括生产管理系统、营销管理系统、财务管理系统等，为企业的业务运营提供了信息化支持；同时，该集团也在积极探索大数据、云计算、物联网等新兴技术在电力行业中的应用，以提高企业的运营效率和管理水平。

6.5.2 B 电力集团数据共享与业务协同面临的问题

6.5.2.1 数据孤岛问题

虽然 B 电力集团已经建立了数据管理体系，但各业务部门之间的数据仍然存在着一定程度的孤岛现象。由于数据标准不统一、数据接口不规范等原因，不同系统之间的数据难以实现有效的共享和交换，影响了业务的协同发展。

6.5.2.2 业务流程不畅

B 电力集团的业务流程较为复杂，涉及多个部门和环节。在业务协同过程中，由于流程不清晰、职责不明确等原因，容易出现业务流程不畅的问题，影响了工作效率和服务质量。

6.5.2.3 信息技术应用水平有待提高

虽然 B 电力集团在信息技术应用方面取得了一定的成绩，但与国际先进水平相比，仍然存在着一定的差距。在大数据、云计算、物联网等新兴技术的应用方面，该集团还处于探索阶段，需要进一步提高信息技术应用水平，以更好地支持数据共享与业务协同。

6.5.2.4 数据安全与隐私保护问题

随着数据价值的不断上升，确保数据安全和隐私保护也变成了企业需要应对的关键挑战。B电力集团在数据共享与业务协同过程中，需要加强对数据的安全管理和隐私保护，确保数据的安全可靠。

6.5.3 提高B电力集团数据共享与业务协同效率的策略

6.5.3.1 优化数据架构

（1）建立统一的数据标准

建立统一的数据标准，规范数据的格式、编码、命名等方面的要求，确保不同系统之间的数据能够实现有效的共享和交换。

（2）构建数据共享平台

构建数据共享平台，实现各业务部门之间的数据共享和交换。数据共享平台应具备数据采集、存储、处理、分析和发布等功能，为企业的业务协同提供数据支持。

（3）优化数据存储结构

采用先进的数据存储技术，如分布式存储、云存储等，优化数据存储结构，提高数据的存储效率和访问速度。

6.5.3.2 加强数据治理

（1）建立数据治理组织

成立数据治理委员会，负责制定数据治理策略、监督数据治理工作的执行情况；同时，设立数据治理办公室，具体负责数据治理工作的实施。

（2）完善数据治理制度

建立健全数据治理制度，包括数据质量管理制度、数据安全管理制度、数据隐私保护制度等，确保数据治理工作的规范化和制度化。

（3）加强数据质量管理

建立一个高效的数据质量监测体系对于确保企业数据的准确性、完整性和一致性至关重要。这样的体系需要定期对数据质量进行评估和检查，及时发现并解决数据质量问题。

6.5.3.3 推进业务流程再造

（1）梳理业务流程

对企业的业务流程进行全面梳理，找出存在的问题和瓶颈。通过流程优化和再造，提高业务流程的效率和质量。

（2）建立业务协同机制

建立跨部门的业务协同机制，明确各部门的职责和协作方式。通过业务协同平台，实现业务流程的自动化和信息化，提高业务协同的效率和效果。

（3）加强项目管理

加强对跨部门项目的管理，建立项目管理办公室，负责项目的策划、组织、实施和监控。通过项目管理，确保项目的顺利实施，提高业务协同的成功率。

6.5.3.4 提升信息技术应用水平

（1）加强大数据应用

利用大数据技术，对企业的业务数据进行深入分析和挖掘，发现潜在的业务机会和风险。通过大数据分析，为企业的决策提供更加准确、及时的支持。

（2）推进云计算应用

采用云计算技术，构建企业的私有云或混合云平台，实现资源的共享和优化配置。通过云计算应用，提高企业的信息化水平和运营效率。

（3）探索物联网应用

积极探索物联网技术在电力行业中的应用，如智能电网、智能电表等。通过物联网应用，实现设备的远程监控和管理，提高设备的可靠性和运行效率。

6.5.3.5 加强数据安全与隐私保护

（1）建立数据安全管理体系

建立健全数据安全管理体系，包括数据安全策略、数据安全管理制度、数据安全技术措施等，确保数据的安全、可靠。

（2）加强数据加密和访问控制

采用数据加密技术，对敏感数据进行加密存储和传输；同时，加强对数据的访问控制，建立严格的用户权限管理机制，确保只有授权用户能够访问敏感数据。

（3）加强数据备份和恢复

建立数据备份和恢复机制，定期对重要数据进行备份。在发生数据丢失或损坏的情况下，能够及时进行恢复，确保数据的安全性和可用性。

6.5.4 结论

数据共享与业务协同是提高企业运营效率和竞争力的关键因素。B电力集团在数据共享与业务协同方面已经取得了一定的成绩，但仍然面临着一些挑战。通过优化数据架构、加强数据治理、推进业务流程再造、提升信息技术应用水平、加强数据安全与隐私保护等措施，可以有效地提高B电力集团的数据共享与业务协同效率，为企业的发展提供有力支持。在未来的发展中，B电力集团应继续加强对数据共享与业务协同的重视，不断探索和创新，推动企业的数字化转型和可持续发展。

6.6 挑战与展望：未来发展方向

6.6.1 B电力集团数据共享与业务协同面临的挑战

6.6.1.1 数据安全问题

数据共享与业务协同必然涉及数据的传输和存储，这就给数据安全带来了挑战。B电力集团作为一家能源企业，其数据涉及国家能源安全和客户隐私，一旦数据泄露，将带来严重的后果。因此，如何确保数据的安全传输和存储，是 B 电力集团在数据共享与业务协同过程中面临的重要挑战。

6.6.1.2 技术标准不统一

目前，电力行业内的数据标准和技术规范尚未完全统一，这给 B 电力集团的数据共享与业务协同带来了困难。不同部门之间的数据格式、接口标准不一致，导致数据难以互通和共享。此外，不同的业务系统之间也存在兼容性问题，影响了业务协同的效率和效果。

6.6.1.3 组织架构和管理模式不适应

数据共享与业务协同需要企业内部各部门之间的紧密合作和协调，这就要求企业的组织架构和管理模式能够适应这种变化。然而，目前的 B 电力集团的组织架构和管理模式仍然以传统的职能部门为基础，各部门之间的沟通和协作存在一定的障碍。如何打破部门壁垒，建立适应数据共享与业务协同的组织架构和管理模式，是 B 电力集团面临的又一挑战。

6.6.1.4 人才短缺问题

数据共享与业务协同需要既懂电力业务又懂信息技术的复合型人才。然而，目前的 B 电力集团在这方面的人才储备相对不足，难以满足企业发展的需求。如何培养和引进一批高素质的复合型人才，是 B 电力集团在数据共享与业务协同过程中必须解决的问题。

6.6.2 B 电力集团数据共享与业务协同的挑战解决方案

6.6.2.1 加强数据安全管理

①建立完善的数据安全管理制度，明确数据安全责任和权限，加强对数据的访问控制和加密管理。

②采用先进的数据安全技术，如防火墙、入侵检测系统、数据加密等，确保数据的安全传输和存储。

③加强对员工的数据安全培训，提高员工的数据安全意识和防范能力。

6.6.2.2 推动技术标准统一

①积极参与行业标准制定,推动电力行业内的数据标准和技术规范的统一。

②建立企业内部的数据标准和技术规范,确保各部门之间的数据格式、接口标准一致。

③对现有业务系统进行升级改造,提高系统的兼容性和可扩展性,为数据共享与业务协同提供技术支持。

6.6.2.3 优化组织架构和管理模式

①建立跨部门的项目团队和工作小组,加强各部门之间的沟通和协作。

②推行扁平化管理模式,减少管理层级,提高决策效率和执行力度。

③建立健全绩效考核机制,将数据共享与业务协同纳入绩效考核指标体系,激励员工积极参与。

6.6.2.4 加强人才培养和引进

①制订人才培养计划,加强对现有员工的培训和继续教育,提高员工的业务水平和信息技术能力。

②与高校、科研机构合作,开展产学研合作项目,培养一批高素质的复合型人才。

③制定优惠制度,吸引外部优秀人才加盟,充实企业的人才队伍。

6.6.3 B电力集团数据共享与业务协同的未来发展方向

6.6.3.1 智能化发展

①利用人工智能、大数据、物联网等技术,实现电力设备的智能化监测和管理,提高设备的可靠性和运行效率。

②建立智能电网调度系统,实现电网的智能化运行和优化调度,提高能源利用效率和供电质量。

③开展智能客户服务,利用大数据分析和人工智能技术,为客户提供个性化的用电建议和故障预警服务,提高客户满意度。

6.6.3.2　数字化转型

①推进企业数字化转型工作，实现业务流程的数字化和自动化，提高运营效率和管理水平。

②建立数字化资产管理平台，实现对电力资产的全生命周期管理，提高资产的利用率和回报率。

③开展数字化营销工作，利用大数据分析和精准营销技术，提高市场份额和盈利能力。

6.6.3.3　平台化建设

①建立数据共享平台，实现企业内部各部门之间的数据互通和共享，为业务协同提供数据支持。

②建设业务协同平台，实现跨部门、跨业务的协同工作，提高工作效率和服务质量。

③打造能源互联网平台，实现能源的互联互通和优化配置，推动能源行业的转型升级。

总之，B 电力集团的数据共享与业务协同项目是一项具有重要战略意义的工作。通过该项目的实施，该集团实现了数据的整合和共享，提高了业务协同效率，为企业的战略决策和业务发展提供了有力支持。在未来的发展中，该集团将面临一系列的挑战，但也有着广阔的发展前景。该集团将继续深化数据共享与业务协同，推动数字化转型，构建数据生态系统，为实现企业的可持续发展和行业的进步做出更大的贡献。

第7章

C 电力集团的数据资产化管理

7.1 输变电行业背景与数据治理需求

7.1.1 输变电行业背景

7.1.1.1 输变电行业发展态势

输变电行业作为电力工业的关键组成部分，主要承担电力的输送与分配任务。近些年来，伴随我国经济的迅速发展及电力需求的持续增长，输变电行业亦获得了快速发展。当下，我国已构建起世界上规模最为庞大的输变电网络，其技术水准也在不断提升。

7.1.1.2 输变电行业发展趋势

（1）智能化

随着人工智能、物联网等技术的发展，输变电行业正朝着智能化方向发展。智能变电站、智能输电线等智能化设备的应用，提高了输变电系统的可靠性和效率。

（2）绿色化

为了应对全球气候变化和环境保护的要求，输变电行业也在积极推进绿色化发展。采用节能环保的设备和技术，减少能源消耗和环境污染。

（3）国际化

随着"一带一路"倡议的落实和深化，我国输变电企业也在积极拓展国际市场。国际化发展不仅可以提高企业的竞争力，还可以促进我国输变电技术的输出。

7.1.1.3 数据在输变电行业中的重要性

（1）提高运营效率

通过对输变电设备的运行数据进行实时监测和分析，可以及时发现设备故障和隐患，提高设备的可靠性和稳定性，从而提高输变电系统的运营效率。

（2）优化决策

利用大数据分析技术，可以对电力市场需求、能源价格等因素进行预测，为企业的投资决策、生产计划等提供科学依据。

（3）推动创新发展

数据可以为输变电行业的技术创新提供支持。通过对设备运行数据的分析，可以发现设备的改进空间和创新方向，推动输变电技术的不断进步。

7.1.2 C电力集团的数据治理需求

7.1.2.1 提高数据质量

（1）数据准确性

输变电设备的运行数据直接关系到电力系统的安全稳定运行，因此，数据的准确性至关重要。C电力集团需要建立严格的数据采集和审核机制，确保数据的准确性。

（2）数据完整性

输变电设备的运行数据包括电压、电流、功率等多个参数，数据的完整性对于设备的状态评估和故障诊断非常重要。C电力集团需要确保数据的完整性，避免数据缺失。

（3）数据一致性

输变电设备的运行数据可能来自不同的系统和设备，数据的一致性对于数据分析和决策非常重要。C电力集团需要建立统一的数据标准和规范，确保数据的一致性。

7.1.2.2 保障数据安全

（1）数据保密性

输变电行业涉及国家能源安全和企业商业机密，数据的保密性非常重要。C电力集团需要建立严格的数据保密制度，确保数据不被泄露。

（2）数据完整性

数据的完整性对于输变电系统的安全稳定运行至关重要。C电力集团需要采取有效的措施，防止数据被篡改和破坏。

（3）数据可用性

输变电设备的运行数据需要实时可用，以支持电力系统的调度和控制。C电力集团需要建立高度可靠的数据存储和备份系统，确保数据的可用性。

7.1.2.3 促进数据共享与协同

（1）内部数据共享

C电力集团内部不同部门之间需要共享输变电设备的运行数据、工程建设数据等，以提高工作效率和协同能力。

（2）外部数据共享

输变电行业涉及多个利益相关方，如发电企业、用户等。C电力集团需要与外部利益相关方进行数据共享，以提高整个电力产业链的效率和协同能力。

（3）数据协同分析

利用大数据分析技术，可以对输变电设备的运行数据、气象数据、地理信息等进行协同分析，为设备的状态评估和故障诊断提供更准确的依据。

7.1.3　C电力集团的数据资产化管理实施路径

7.1.3.1　建立数据治理体系

（1）制定数据治理策略

C电力集团需要制定明确的数据治理策略，明确数据治理的目标、原则和方法。

（2）建立数据治理组织架构

成立专门的数据治理机构，负责数据治理的规划、实施和监督。明确各部门的数据治理职责，建立协同工作机制。

（3）制定数据标准和规范

制定统一的数据标准和规范，包括数据格式、编码规则、数据字典等，确保数据的一致性和可理解性。

（4）建立数据质量管理制度

建立数据质量监测和评估机制，及时发现和解决数据质量问题。制订数据质量考核指标，对各部门的数据质量进行考核。

7.1.3.2　搭建数据平台

（1）数据采集与存储

建立统一的数据采集平台，实现对输变电设备的运行数据、工程建设数据等的实时采集和存储。采用分布式存储技术，提高数据的存储容量和可靠性。

（2）数据处理与分析

建立大数据分析平台，利用数据分析技术对采集到的数据进行处理和分析，为设备的状态评估、故障诊断及决策等提供支持。

（3）数据共享与服务

建立数据共享平台，实现内部数据共享和外部数据共享。提供数据服务接口，为其他业务系统提供数据支持。

7.1.3.3 推进数据应用

（1）设备状态评估与故障诊断

利用大数据分析技术，对输变电设备的运行数据进行分析，评估设备的状态，预测设备的故障，为设备的维护和检修提供依据。

（2）智能调度与控制

结合气象数据、地理信息等，利用大数据分析技术对电力负荷进行预测，为智能调度和控制提供支持。

（3）工程建设管理

利用工程建设数据，对工程进度、质量、安全等进行管理和监控，提高工程建设的效率和质量。

（4）决策支持

利用数据分析结果，为企业的投资决策、生产计划、市场营销等提供科学依据。

7.2 数据资产化管理的目标与意义

7.2.1 数据资产化管理的目标

7.2.1.1 建立数据资产目录

对输变电行业的数据资产进行全面梳理和分类，建立数据资产目录，明确数据资产的名称、类型、来源、用途、价值等信息，为数据资产的管理和应用提供基础。

7.2.1.2 提高数据质量

通过数据治理和质量管理手段，提高输变电行业数据的准确性、完整性、一致性和及时性，确保数据的可用性和价值。

7.2.1.3 保障数据安全

建立完善的数据安全管理体系，加强数据的加密、访问控制、备份恢复等措施，保障输变电行业数据的安全和机密。

7.2.1.4　促进数据共享

打破输变电行业的数据孤岛现象，建立数据共享机制，促进数据在企业内部和外部的流通和共享，提高数据资源的利用效率。

7.2.1.5　实现数据价值最大化

通过数据分析和应用，挖掘输变电行业数据的潜在价值，为企业的决策和业务发展提供支持，实现数据价值的最大化。

7.2.2　数据资产化管理的意义

7.2.2.1　提升企业竞争力

数据资产化管理可以帮助输变电企业提高管理水平、优化运营效率、提升服务质量，增强企业的竞争力。通过对数据的分析和应用，企业可以更好地了解市场需求、客户行为和设备运行状况，为企业的战略决策和业务发展提供有力支持。

7.2.2.2　推动行业创新发展

数据资产化管理可以促进输变电行业的技术创新和业务创新。通过对数据的挖掘和分析，企业可以发现新的业务模式和市场机会，推动行业的创新发展。同时，数据资产化管理也可以为行业标准的制定和技术规范的完善提供数据支持。

7.2.2.3　保障国家能源安全

输变电行业的数据涉及国家能源安全，数据资产化管理可以加强对数据的安全管理和保护，保障国家能源安全。通过对电网运行数据的分析和监测，企业可以及时发现和处理电网故障，保障电力系统的稳定运行。

7.3 数据资产盘点与质量管理

7.3.1 数据资产盘点的重要性

7.3.1.1 了解数据资源状况

数据资产盘点可以帮助企业全面了解自身拥有的数据资源，包括数据的类型、数量、来源、存储位置、使用情况等。通过对这些信息的掌握，企业可以更好地规划和管理数据资源，提高数据的利用效率。

7.3.1.2 发现数据潜在价值

在数据资产盘点过程中，企业可以对数据进行深入分析，发现数据的潜在价值。例如，通过对客户数据的分析，企业可以了解客户的需求和行为，为产品研发和市场营销提供依据；通过对生产数据的分析，企业可以优化生产流程，提高生产效率。

7.3.1.3 为数据治理提供基础

数据资产盘点是数据治理的重要基础工作之一。通过对数据资产的全面清查，企业可以建立数据资产目录，明确数据的所有者、管理者和使用者，制定数据管理策略和规范，为数据治理提供有力支持。

7.3.1.4 支持企业决策

准确、完整、及时的数据是企业决策的重要依据。通过数据资产盘点，企业可以确保数据的可用性和可靠性，为企业决策提供有力支持。例如，在制订战略规划时，企业可以参考历史数据和市场趋势，做出更加科学合理的决策。

7.3.2 数据资产盘点的方法

7.3.2.1 确定盘点范围

企业在进行数据资产盘点时，首先要确定盘点的范围。盘点范围可以根据企业的业务需求和数据管理目标来确定，一般包括企业内部的所有数据资源，如数据库、文件系统、应用系统等。

7.3.2.2 收集数据信息

在确定盘点范围后，企业需要收集数据的相关信息。收集的信息包括数据的类型、来源、存储位置、使用情况、数据所有者等。可以通过问卷调查、访谈、文档审查等方式收集数据信息。

7.3.2.3 建立数据资产目录

根据收集到的数据信息，企业可以建立数据资产目录。数据资产目录是对企业数据资产的全面梳理和分类，它可以帮助企业更好地管理和利用数据资源。数据资产目录一般包括数据的名称、描述、类型、来源、存储位置、使用情况等信息。

7.3.2.4 评估数据价值

在建立数据资产目录后，企业需要对数据的价值进行评估。数据的价值可以从多个方面进行评估，如数据的准确性、完整性、时效性、可用性等。通过对数据价值的评估，企业可以确定哪些数据是重要的数据资产，需要重点管理和保护。

7.3.2.5 制定数据管理策略

根据数据资产盘点的结果，企业可以制定数据管理策略。数据管理策略包括数据的采集、存储、处理、分析、共享、保护等方面的策略。制定数据管理策略可以帮助企业更好地管理和利用数据资源，提高数据的价值。

7.3.3 数据质量管理的重要性

7.3.3.1 增强数据精确性

数据精确性是企业进行决策的关键基石。数据中的错误或不精确之处可能误导企业决策，进而引发经济损失。因此，实施数据质量管理对于确保数据精确无误、提升数据信赖度至关重要。

7.3.3.2 维护数据全面性

数据的全面能够为企业提供详尽的信息，助力企业深入洞察业务状况。数据的缺失或不完整可能削弱企业的决策与运营能力。通过数据质量管理，企业能够保障数据的完整性，进而提升数据的实用价值。

7.3.3.3 保障数据一致性

数据的一致性对于避免数据重复与冲突、提升数据使用效率具有重要意义。数据间的不一致性可能导致企业内部各部门间出现数据差异，进而影响企业的协同作业。因此，通过数据质量管理，企业能够确保数据的一致性，从而增强数据的可靠性。

7.3.3.4 提高数据的时效性

及时的数据可以为企业提供最新的信息，帮助企业更好地应对市场变化。如果数据存在过时或不及时的情况，可能会影响企业的决策和运营。通过数据质量管理，企业可以提高数据的时效性，确保数据的有效性。

7.3.3.5 提升企业的竞争力

高质量的数据可以为企业提供更好的决策支持，提高企业的运营效率和竞争力。在数字化时代，数据已成为企业的重要资产之一，企业只有通过加强数据质量管理，提高数据的质量，才能在市场竞争中占据优势。

7.3.4 数据质量管理的方法

7.3.4.1 建立数据质量标准

企业在进行数据质量管理时，首先要建立数据质量标准。数据质量标准是对数据的准确性、完整性、一致性、时效性等方面的要求，它可以为数据质量管理提供依据。数据质量标准可以根据企业的业务需求和数据管理目标来制定，一般包括数据的格式、精度、范围、单位等方面的要求。

7.3.4.2　进行数据质量监测

建立数据质量标准后，企业需要对数据进行质量监测。数据质量监测可以通过数据校验、数据审计、数据比对等方式进行，它可以及时发现数据存在的质量问题并采取相应的措施进行处理。

7.3.4.3　实施数据质量改进

发现数据存在质量问题后，企业需要实施数据质量改进。数据质量改进可以通过数据清洗、数据修复、数据更新等方式进行，它可以提高数据的质量，满足企业的业务需求。

7.3.4.4　建立数据质量管理制度

为了确保数据质量管理的有效实施，企业需要建立数据质量管理制度。数据质量管理制度包括数据质量的组织架构、职责分工、工作流程、考核评价等方面的内容，它可以为数据质量管理提供制度保障。

7.3.4.5　加强数据质量管理培训

数据质量管理需要企业全体员工的共同参与，因此，企业需要加强数据质量管理培训。数据质量管理培训可以提高员工的数据质量意识和数据管理能力，确保数据质量管理的有效实施。

7.3.5　数据资产盘点与质量管理的案例分析

7.3.5.1　案例背景

C电力集团是一家大型制造企业，随着业务的不断发展，企业积累了大量的数据资源。然而，由于缺乏有效的数据管理，企业的数据存在质量问题，数据的准确性、完整性、一致性、时效性等方面都无法得到保证。此外，企业也不清楚自身拥有哪些数据资源，数据的潜在价值无法得到充分发挥。

7.3.5.2 数据资产盘点与质量管理的实施过程

（1）确定盘点范围

企业首先确定了数据资产盘点的范围，包括企业内部的所有数据库、文件系统、应用系统等。

（2）收集数据信息

企业通过问卷调查、访谈、文档审查等方式收集了数据的相关信息，包括数据的类型、来源、存储位置、使用情况、数据所有者等。

（3）建立数据资产目录

根据收集到的数据信息，企业建立了数据资产目录，对企业的数据资产进行了全面梳理和分类。

（4）评估数据价值

企业对数据的价值进行了评估，确定了哪些数据是重要的数据资产，需要重点管理和保护。

（5）制定数据管理策略

根据数据资产盘点的结果，企业制定了数据管理策略，包括数据的采集、存储、处理、分析、共享、保护等方面的策略。

（6）建立数据质量标准

企业建立了数据质量标准，对数据的准确性、完整性、一致性、时效性等方面提出了明确的要求。

（7）进行数据质量监测

企业通过数据校验、数据审计、数据比对等方式对数据进行了质量监测，及时发现了数据存在的质量问题。

（8）实施数据质量改进

企业对发现的质量问题进行了分析和处理，通过数据清洗、数据修复、数据更新等方式提高了数据的质量。

（9）建立数据质量管理制度

企业建立了数据质量管理制度，明确了数据质量的组织架构、职责分工、工作流程、考核评价等方面的内容。

（10）加强数据质量管理培训

企业加强了数据质量管理培训，提高了员工的数据质量意识和数据管理能力。

7.3.5.3 案例效果

通过实施数据资产盘点与质量管理，该企业取得了以下所述的成就。

①了解了自身的数据资源状况，发现了数据的潜在价值。

②提高了数据的质量，数据的准确性、完整性、一致性、时效性等方面都得到了明显改善。

③建立了数据资产目录和数据管理策略，为数据的进一步利用和管理提供了基础。

④提升了企业的竞争力，为企业的可持续发展提供了有力支持。

7.3.6 结论

数据资产盘点与质量管理是企业数据管理的重要内容。通过数据资产盘点，企业可以了解自身的数据资源状况，发现数据的潜在价值，为数据的进一步利用和管理提供基础。通过数据质量管理，企业可以提高数据的准确性、完整性、一致性、时效性等方面的质量，提升企业的竞争力。在实施数据资产盘点与质量管理时，企业需要确定盘点范围、收集数据信息、建立数据资产目录、评估数据价值、制定数据管理策略、建立数据质量标准、进行数据质量监测、实施数据质量改进、建立数据质量管理制度、创新数据资产盘点与质量管理的方法，为企业的发展提供有力支持。

7.4 治理方案设计与监控实施

7.4.1 数据资产化管理的理论基础

7.4.1.1 数据资产概述及其特性

（1）数据资产的定义

数据资产，系指那些由企业所拥有或掌控且能为企业创造经济价值的各类数据资源。这些资源不仅涵盖了企业内部的业务数据、客户信息、市场调研数据等，还包含了企业自外部渠道获取的行业动态数据、竞争对手情报等关键信息。

（2）数据资产的主要特点分析

①无形资产属性：与传统的有形资产相比，数据资产不具备实体形态，它以一种无形的形式存在并发挥作用。

②易于复制与传播：数据资产具有高度的可复制性，能够轻松地被复制并广泛传播，这无疑增加了数据资产管理和保护的难度。

③价值的多变性：数据资产的价值并非固定不变，而是受到其应用场景和使用方式的影响，不同的应用背景和使用方法可能会挖掘出截然不同的价值。

④时效性限制：数据资产的价值并非永恒不变，它会随着时间的推移而逐渐变化，某些数据甚至可能因过时而完全丧失其原有的价值。

7.4.1.2 数据资产化管理的内涵和目标

（1）数据资产化管理的内涵

数据资产化管理是指将数据作为一种资产进行管理，通过建立数据资产的管理制度、流程和方法，实现数据资产的价值最大化。它包括数据资产的识别、计量、评估、交易等环节。

（2）数据资产化管理的目标

①提高数据质量：确保数据的准确性、完整性和一致性，为企业的决策提供可靠的依据。

②加强数据安全管理：保护企业的数据资产不受外部攻击和内部泄露的威胁。

③促进数据的共享和流通：提高数据的利用效率，为企业创造更多的价值。

④实现数据资产的价值最大化：通过数据资产的交易和变现，为企业带来经济利益。

7.4.2 数据资产化管理治理方案设计

7.4.2.1 组织架构设计

（1）设立数据资产管理委员会

数据资产管理委员会是企业数据资产化管理的最高决策机构，负责制定数据资产化管理的战略规划、制度和考核指标等。

（2）建立数据资产管理部门

数据资产管理部门是企业数据资产化管理的执行机构，负责数据资产的识别、计量、评估、交易等具体工作。它可以下设数据治理、数据安全、数据分析等专业团队。

（3）明确各部门的数据资产管理职责

企业各部门应明确自己在数据资产化管理中的职责，积极配合数据资产管理部门开展工作。例如，业务部门应负责提供数据需求和业务规则，技术部门应负责数据的采集、存储、处理和分析等技术支持。

7.4.2.2 制度规范建设

（1）制定数据资产管理制度

数据资产管理制度是企业数据资产化管理的基本制度，它应明确数据资产的定义、分类、计量、评估、交易等方面的管理要求和流程。

（2）制定数据安全管理制度

数据安全管理制度是企业数据资产化管理的重要保障，它应明确数据安全的管理目标、策略、措施和责任等方面的要求。

（3）完善数据质量管理规范

数据质量管理规范是企业数据资产化管理的基础工作，它应明确数据质量的指标体系、评估方法、改进措施和考核机制等方面的要求。

7.4.2.3　流程设计

（1）数据资产识别流程

数据资产识别是数据资产化管理的第一步，它的目的是确定企业拥有哪些数据资产。数据资产识别流程应包括数据资产的分类、定义、来源、存储位置等方面的信息收集和整理。

（2）数据资产计量流程

数据资产计量是数据资产化管理的核心环节，它的目的是确定数据资产的价值。数据资产计量流程应包括数据资产的成本法、收益法、市场法等价值评估方法的选择和应用。

（3）数据资产评估流程

数据资产评估是数据资产化管理的重要环节，它的目的是确定数据资产的质量和风险。数据资产评估流程应包括数据资产的准确性、完整性、一致性、时效性等质量指标的评估和数据资产的安全风险、法律风险、市场风险等风险指标的评估。

（4）数据资产交易流程

数据资产交易是数据资产化管理的最终目的，它的目的是实现数据资产的价值最大化。数据资产交易流程应包括数据资产的交易平台选择、交易方式确定、交易价格协商、交易合同签订等方面的工作。

7.4.3　数据资产化管理的监控实施

7.4.3.1　监控指标体系设计

（1）数据质量监控指标

数据质量监控指标应包括数据的准确性、完整性、一致性、时效性等方面的指标。例如，可以通过数据校验、数据比对、数据审计等方式来监控数据的准确性和完整性；可以通过数据版本管理、数据同步等方式来监控数据的一致性和时效性。

（2）数据安全监控指标

数据安全监控指标应包括数据的保密性、完整性、可用性等方面的指标。例如，可以通过数据加密、访问控制、数据备份等方式来监控数据的保密性和完整性；可以通过数据恢复、数据容灾等方式来监控数据的可用性。

（3）数据价值评估指标

数据价值评估指标应包括数据的经济效益、社会效益、战略价值等方面的指标。例如，可以通过数据分析、数据挖掘等方式来评估数据的经济效益和社会效益；可以通过数据战略规划、数据创新应用等方式来评估数据的战略价值。

7.4.3.2 监控实施方法

（1）建立数据监控平台

企业应建立数据监控平台，实现对数据资产的实时监控和预警。数据监控平台应包括数据采集、数据存储、数据分析、数据展示等功能模块，能够对数据质量、数据安全、数据价值等方面的指标进行实时监测和分析。

（2）定期进行数据审计

企业应定期进行数据审计，对数据资产的管理情况进行全面检查和评估。数据审计应包括数据资产的管理制度、流程、方法、技术等方面的审计内容，能够发现数据资产化管理中存在的问题与风险并提出改进建议和措施。

（3）开展数据价值评估

企业应定期开展数据价值评估，对数据资产的价值进行量化评估和分析。数据价值评估应包括数据资产的成本法、收益法、市场法等价值评估方法的应用，能够为数据资产的交易和变现提供决策依据。

7.4.4 结论与展望

7.4.4.1 研究结论

针对数据资产化管理治理方案的设计与监控实施展开研究，可以得出如下结论。

数据资产化管理乃是企业实现数据价值最大化的关键途径。借助构建数据资产的管理制度、流程及方法，企业能够达成数据资产的有效管理并提升其价值。

数据资产化管理治理方案的设计必须涵盖组织架构设计、制度规范建设及流程设计等方面的内容。通过合理的组织架构规划、完善的制度规范构建及科学的流程设计，企业可为数据资产化管理提供坚实的保障。

数据资产化管理的监控实施应包含监控指标体系设计与监控实施方法等方面的内容。通过建立科学的监控指标体系及有效的监控实施方法，企业能够实现对数据资产化管理的实时监控与预警，及时察觉并解决问题，确保数据资产化管理的顺利推进。

7.4.4.2 研究展望

尽管我们对数据资产化管理治理方案设计与监控实施展开了较为深入的探讨，但仍存有一些不足之处。未来的研究可从以下几个方面加以拓展。

持续完善数据资产化管理的理论体系。当下，数据资产化管理的理论体系尚不完善，需进一步深入探究数据资产的概念、特性、价值评估方法等方面的内容，从而为数据资产化管理奠定更为坚实的理论根基。

强化数据资产化管理的技术创新。伴随信息技术的不断演进，数据资产化管理的技术也在持续创新。未来的研究可聚焦于大数据、人工智能、区块链等新技术在数据资产化管理中的应用，提升数据资产化管理的效率与成效。

拓宽数据资产化管理的应用领域。数据资产化管理主要在企业领域得到应用，未来的研究可拓展至政府、金融、医疗等其他领域，为不同领域的数据资产化管理提供理论指引与实践参考。

总之，数据资产化管理是一个具有广阔发展前景的研究领域。未来的研究需要不断深入探索和创新，为企业和社会实现数据价值最大化提供有力的支持。

7.5 数据资产成效分析与展示

7.5.1 数据资产化管理的概念与意义

7.5.1.1 数据资产化管理的概念

数据资产化管理是指将数据作为一种资产进行管理，通过对数据的采集、存储、处理、分析、应用等环节的管理，实现数据价值的最大化。数据资产化管理包括数据资产的识别、计量、评估、交易等环节，是一种全面、系统的数据管理模式。

7.5.1.2 数据资产化管理的深远意义

（1）数据质量的优化

数据资产化管理的实施，对于提升数据质量具有显著作用。它能确保数据的精确无误、完整无缺、前后一致及时效性强，从而为企业的决策层提供坚实可靠的信息基石。依托高质量的数据，企业的决策效率和决策准确性均能得到显著提升。

（2）数据价值的最大化实现

数据资产化管理是挖掘数据价值的关键途径。它能够将数据转变为可量化、易管理、可流通的资产，进而通过数据的交易与共享，实现数据价值的最大化利用。

（3）企业竞争力的增强

数据资产化管理对于提升企业竞争力具有重要影响。它不仅能够为企业提供更加全面深入的决策支持和价值展示，还能帮助企业更准确地把握市场和客户需求，从而全面提升企业的创新能力和市场响应速度。

7.5.2 数据资产成效分析的方法与指标

7.5.2.1 数据资产成效分析的方法

(1) 成本效益分析法

成本效益分析法是一种通过比较数据资产的成本和效益来评估数据资产成效的方法。成本效益分析法可以帮助企业确定数据资产的投资回报率，为企业的数据资产化管理提供决策支持。

(2) 价值评估法

价值评估法是一种通过对数据资产的价值来评估数据资产成效的方法。价值评估法可以帮助企业确定数据资产的价值，为企业的数据资产化管理提供价值展示。

(3) 风险评估法

风险评估法是一种通过对数据资产的风险来评估数据资产成效的方法。风险评估法可以帮助企业确定数据资产的风险水平，为企业的数据资产化管理提供风险控制。

7.5.2.2 数据资产成效分析的指标

(1) 数据资产价值指标

数据资产价值指标是衡量数据资产价值的指标，包括数据资产的市场价值、潜在价值、使用价值等。数据资产价值指标可以帮助企业确定数据资产的价值，为企业的数据资产化管理提供价值展示。

(2) 数据资产效益指标

数据资产效益指标是衡量数据资产效益的指标，包括数据资产的经济效益、社会效益、管理效益等。数据资产效益指标可以帮助企业确定数据资产的效益，为企业的数据资产化管理提供决策支持。

(3) 数据资产风险指标

数据资产风险指标是衡量数据资产风险的指标，包括数据资产的安全风险、法律风险、市场风险等。数据资产风险指标可以帮助企业确定数据资产的风险水平，为企业的数据资产化管理提供风险控制。

7.5.3 数据资产成效分析的案例研究

7.5.3.1 案例背景

某企业是一家大型制造企业，随着企业数字化转型的加速，数据资产的规模和价值不断增长。为了更好地管理和利用数据资产，实现数据价值的最大化，该企业实施了数据资产化管理项目。

7.5.3.2 数据资产成效分析的方法与指标选择

（1）方法选择

该企业采用了成本效益分析法、价值评估法和风险评估法相结合的方法，对数据资产的成效进行分析。

（2）指标选择

该企业选择了数据资产价值指标、数据资产效益指标和数据资产风险指标相结合的指标体系，对数据资产的成效进行分析。

7.5.3.3 数据资产成效分析的结果与应用

（1）结果分析

通过对数据资产的成效进行分析，该企业得出了以下结论。

①数据资产的价值不断增长，市场价值、潜在价值和使用价值都得到了显著提升。

②数据资产的效益显著，经济效益、社会效益和管理效益都得到了显著提升。

③数据资产的风险得到了有效控制，安全风险、法律风险和市场风险都得到了有效降低。

（2）应用建议

基于数据资产成效分析的结果，该企业提出了以下应用建议。

①加大对数据资产的投资力度，进一步提升数据资产的价值和效益。

②加强对数据资产的风险管理，进一步降低数据资产的风险水平。

③加强对数据资产的应用创新，进一步拓展数据资产的应用领域和价值空间。

7.5.4 数据资产展示的方法与技术

7.5.4.1 数据资产展示的方法

(1) 数据可视化

数据可视化是一种通过图形、图表等形式将数据展示出来的方法。数据可视化可以帮助用户更直观地了解数据的分布、趋势、关系等信息，提高数据的可读性和可理解性。

(2) 数据报告

数据报告是一种通过文字、图表等形式将数据展示出来的方法。数据报告可以帮助用户更系统地了解数据的情况、分析结果、结论建议等信息，提高数据的专业性和可信度。

(3) 数据演示

数据演示是一种通过演示、讲解等形式将数据展示出来的方法。数据演示可以帮助用户更生动地了解数据的应用场景、价值创造、成果展示等信息，提高数据的吸引力和影响力。

7.5.4.2 数据资产展示的技术

(1) 大数据技术

大数据技术是一种通过对大规模数据进行采集、存储、处理、分析等操作来实现数据价值的技术。大数据技术可以为数据资产展示提供数据支持和技术保障，提高数据资产展示的效率和效果。

(2) 人工智能技术

人工智能技术是一种通过对数据进行学习、推理、决策等操作来实现智能化应用的技术。人工智能技术可以为数据资产展示提供智能化支持和创新应用，提高数据资产展示的吸引力和影响力。

(3) 虚拟现实技术

虚拟现实技术是一种通过创建虚拟环境来实现沉浸式体验的技术。虚拟现实技术可以为数据资产展示提供沉浸式体验和创新应用，提高数据资产展示的吸引力和影响力。

7.5.5 数据资产展示的案例研究

7.5.5.1. 案例背景

某企业是一家大型金融企业，随着企业数字化转型的加速，数据资产的规模和价值不断增长。为了更好地展示数据资产的价值和成果，该企业实施了数据资产展示项目。

7.5.5.2 数据资产展示的方法与技术选择

（1）方法选择

该企业采用了数据可视化、数据报告和数据演示相结合的方法，对数据资产进行展示。

（2）技术选择

该企业选择了大数据技术、人工智能技术和虚拟现实技术相结合的技术体系，对数据资产进行展示。

7.5.5.3 数据资产展示的结果与应用

（1）结果分析

通过对数据资产的展示，该企业得出了以下结论。

①数据资产的价值和成果得到了充分展示，提高了企业的知名度和影响力。

②数据资产的应用场景和价值创造得到了充分展示，提高了企业的市场竞争力和客户满意度。

③数据资产的管理和创新得到了充分展示，提高了企业的内部管理水平和创新能力。

（2）应用建议

基于数据资产展示的结果，该企业提出了以下应用建议。

①加强对数据资产的宣传推广，进一步提高企业的知名度和影响力。

②加强对数据资产的应用创新，进一步提高企业的市场竞争力和客户满意度。

③加强对数据资产的管理创新，进一步提高企业的内部管理水平和创新能力。

7.5.6 结论与展望

7.5.6.1 结论

我们深入探讨了数据资产化管理的数据资产成效分析与展示，通过对数据资产的价值评估、效益分析、风险评估等方面的研究，提出了一套科学有效的数据资产成效分析方法体系。同时，结合实际案例，展示了数据资产成效分析与展示的具体应用，为企业的数据资产化管理提供了有益的参考和借鉴。

7.5.6.2 展望

随着信息技术的飞速发展，数据资产化管理将成为企业数字化转型的重要方向。未来，数据资产成效分析与展示将更加注重数据的价值创造和应用创新，通过大数据技术、人工智能技术、虚拟现实技术等新兴技术的应用，实现数据资产的可视化、智能化、沉浸式展示，为企业的数据资产化管理提供更加有力的支持和保障。

7.6 经验总结与行业启示

7.6.1 数据资产化管理的定义与特点

7.6.1.1 数据资产化管理的定义

数据资产化管理是指将数据作为一种资产进行管理，通过对数据的采集、存储、处理、分析、应用等环节的管理，实现数据价值的最大化。数据资产化管理包括数据资产的识别、计量、评估、交易等环节，是一种全面、系统的数据管理方法。

7.6.1.2 数据资产化管理的特点

(1) 数据资产的无形性

数据资产不像传统的有形资产那样具有实体形态，它是一种无形的资产。数据资产的价值取决于其所含有的信息内容和应用场景。

(2) 数据资产的可复制性

数据资产可以很容易地被复制和传播，这使得数据资产的管理和保护变得更加困难。

(3) 数据资产的时效性

数据资产的价值会随着时间的推移而发生变化，有些数据可能会因为过时而失去价值。因此，数据资产化管理需要及时对数据进行更新和维护。

(4) 数据资产的多样性

数据资产的类型非常丰富，包括结构化数据、半结构化数据和非结构化数据等。不同类型的数据资产需要采用不同的管理方法和技术手段。

7.6.2 数据资产化管理的实施过程

7.6.2.1 数据资产的识别

数据资产的识别是数据资产化管理的第一步。企业需要对自身拥有的数据进行全面的梳理和分析，确定哪些数据可以作为资产进行管理。数据资产的识别可以从数据的价值、可用性、安全性等方面进行考虑。

7.6.2.2 数据资产的计量

数据资产的计量是数据资产化管理的核心环节。企业需要建立一套科学合理的数据资产计量方法体系，对数据资产的价值进行评估和计量。数据资产的计量可以采用成本法、收益法、市场法等方法进行。

7.6.2.3 数据资产的评估

数据资产的评估是数据资产化管理的重要环节。企业需要定期对数据资产的价值进行评估和调整，以确保数据资产的价值能够得到准确的反映。

数据资产的评估可以从数据的质量、可用性、安全性、时效性等方面进行考虑。

7.6.2.4 数据资产的交易

数据资产的交易是数据资产化管理的最终目的。企业可以通过数据资产的交易，实现数据资产的价值最大化。数据资产的交易可以采用内部交易、外部交易等方式进行。

7.6.3 数据资产化管理的关键成功因素

7.6.3.1 高层领导的支持

数据资产化管理是一项涉及企业各个部门的综合性工作，需要高层领导的支持和推动。高层领导的支持可以为数据资产化管理提供必要的资源和制度保障。

7.6.3.2 专业的团队建设

数据资产化管理需要一支专业的团队来负责实施。这支团队需要具备数据管理、信息技术、财务管理等方面的专业知识和技能。企业可以通过内部培养和外部引进等方式，组建一支专业的数据资产化管理团队。

7.6.3.3 完善的管理制度

数据资产化管理需要建立一套完善的管理制度，包括数据资产的识别、计量、评估、交易等环节的管理制度。完善的管理制度可以为数据资产化管理提供规范和保障。

7.6.3.4 先进的技术手段

数据资产化管理需要借助先进的技术手段，如大数据、人工智能、云计算等技术。先进的技术手段可以为数据资产化管理提供高效的技术支持。

7.6.4 数据资产化管理的经验总结

7.6.4.1 明确数据资产的价值和地位

企业需要明确数据资产的价值和地位，将其作为企业的重要资产进行管理。企业可以通过建立数据资产目录、制定数据资产管理制度等方式，明确数据资产的价值和地位。

7.6.4.2 建立科学合理的数据资产计量方法

企业需要建立科学合理的数据资产计量方法，对数据资产的价值进行评估和计量。企业可以借鉴国内外先进的经验和方法，结合自身的实际情况，建立一套适合自己的数据资产计量方法体系。

7.6.4.3 加强数据资产的管理和保护

企业需要加强数据资产的管理和保护，确保数据资产的安全和完整。企业可以通过建立数据资产管理制度、加强数据安全管理、定期对数据资产进行备份等方式，加强数据资产的管理和保护。

7.6.4.4 推动数据资产的交易和共享

企业可以通过推动数据资产的交易和共享，实现数据资产的价值最大化。企业可以通过建立数据资产交易平台、制定数据资产交易规则等方式，推动数据资产的交易和共享。

7.6.5 数据资产化管理对不同行业的启示

7.6.5.1 金融行业

金融行业是数据密集型行业，数据资产化管理对金融行业具有重要的启示。金融行业可以通过建立数据资产目录、制定数据资产管理制度、加强数据安全管理等方式，提高数据资产的管理水平和利用效率。同时，金融行业可以通过推动数据资产的交易和共享，实现数据资产的价值最大化。

7.6.5.2 制造业

制造业是实体经济的重要组成部分,数据资产化管理对制造业也具有重要的启示。制造业可以通过建立数据资产目录、制定数据资产管理制度、加强数据安全管理等方式,提高数据资产的管理水平和利用效率。同时,制造业可以通过推动数据资产的交易和共享,实现数据资产的价值最大化。制造业还可以通过数据分析和挖掘等方式,优化生产流程、提高产品质量、降低成本等。

7.6.5.3 互联网行业

互联网行业是数据驱动型行业,数据资产化管理对互联网行业具有重要的启示。互联网行业可以通过建立数据资产目录、制定数据资产管理制度、加强数据安全管理等方式,提高数据资产的管理水平和利用效率。同时,互联网行业可以通过推动数据资产的交易和共享,实现数据资产的价值最大化。互联网行业还可以通过数据分析和挖掘等方式,优化用户体验、提高广告投放效果、开展精准营销等。

7.6.6 数据资产化管理的实际案例分析

7.6.6.1 案例背景

C电力集团是一家大型制造业企业,随着企业的发展,企业拥有的数据量呈爆炸式增长。为了有效地管理和利用这些数据,企业决定实施数据资产化管理。

7.6.6.2 实施过程

(1)数据资产的识别

企业对自身拥有的数据进行了全面的梳理和分析,确定了哪些数据可以作为资产进行管理。企业将数据分为结构化数据、半结构化数据和非结构化数据三大类,并对每一类数据进行了详细的分类和描述。

（2）数据资产的计量

企业建立了一套科学合理的数据资产计量方法体系，对数据资产的价值进行评估和计量。企业采用了成本法和收益法相结合的方法，对数据资产的价值进行了评估和计量。

（3）数据资产的评估

企业定期对数据资产的价值进行评估和调整，以确保数据资产的价值能够得到准确的反映。企业从数据的质量、可用性、安全性、时效性等方面对数据资产进行了评估和调整。

（4）数据资产的交易

企业建立了数据资产交易平台，推动数据资产的交易和共享。企业制订了数据资产交易规则，明确了数据资产的交易流程和交易方式。

7.6.6.3　实施效果

通过实施数据资产化管理，企业取得了显著的成就。企业提高了数据资产的管理水平和利用效率，降低了数据管理成本，提高了企业的竞争力。同时，企业通过推动数据资产的交易和共享，实现了数据资产的价值最大化。

7.6.7　数据资产化管理的未来发展趋势

7.6.7.1　数据资产化管理将成为企业的核心竞争力

随着数据资产的价值不断凸显，数据资产化管理将成为企业的核心竞争力。企业将更加重视数据资产的管理和利用，通过数据资产化管理提高企业的竞争力。

7.6.7.2　数据资产化管理将更加注重数据安全和隐私保护

随着数据安全和隐私保护问题的日益突出，数据资产化管理将更加注重数据安全和隐私保护。企业将加强数据安全管理，采取更加严格的数据加密、访问控制等措施，确保数据资产的安全和隐私保护。

7.6.7.3 数据资产化管理将更加智能化和自动化

随着人工智能、大数据等技术的不断发展，数据资产化管理将更加智能化和自动化。企业将采用更加先进的数据分析和挖掘技术，实现数据资产的自动识别、计量、评估和交易等环节的管理。

7.6.7.4 数据资产化管理将更加注重数据的共享和开放

随着数据共享和开放的趋势不断加强，数据资产化管理将更加注重数据的共享和开放。企业将建立更加完善的数据共享和开放机制，推动数据资产的共享和开放，实现数据资产的价值最大化。

7.6.8 结论

数据资产化管理是一种新兴的管理理念和方法，它将数据作为一种资产进行管理，通过对数据的识别、计量、评估、交易等环节的管理，实现数据价值的最大化。我们通过对数据资产化管理的概念、特点、实施过程和关键成功因素的分析，总结了数据资产化管理的经验，并探讨了其对不同行业的启示。通过实际案例分析，进一步阐述了数据资产化管理在企业中的应用价值和实践意义。最后，对数据资产化管理的未来发展趋势进行了展望。数据资产化管理将成为企业的核心竞争力，它将更加注重数据安全和隐私保护、智能化和自动化、共享和开放等方面的发展。企业应积极探索和实践数据资产化管理，提高数据资产的管理水平和利用效率，实现数据资产的价值最大化。

总之，C电力集团的数据资产化管理为输变电行业提供了有益的经验和启示。通过数据资产化管理，输变电企业可以提高管理水平、优化运营效率、提升服务质量，增强企业的竞争力；同时，也可以推动输变电行业的创新发展，保障国家能源安全。

第8章

D智能电网公司的数据智能化管理

8.1 智能电网发展背景下的数据治理

伴随信息技术的迅猛发展，智能电网已经成为电力行业的关键发展方向。智能电网借助集成先进的传感技术、通信技术及信息技术，达成了电力系统的智能化运行与管理。在智能电网当中，数据作为核心资源，贯穿于电力生产、传输、分配及消费的各个环节。高效的数据治理对于充分彰显智能电网的优势，以及提升电网的运行效率和可靠性、安全性有着至关重要的意义。

8.1.1 智能电网中数据的特点

8.1.1.1 数据规模庞大

在智能电网中，部署了众多的传感器、智能电表等设备，这些设备持续地进行各种类型数据的采集与传输，涵盖电力系统的运行状态数据、用户用电数据及环境数据等。数据量的增长态势极为迅速，这对数据存储与处理能力提出了更高的要求。

8.1.1.2 数据类型繁杂

智能电网中的数据涵盖结构化数据、半结构化数据及非结构化数据。结构化数据主要为电力系统的运行参数及设备状态等；半结构化数据包括诸如日志文件、XML数据等；非结构化数据包含图像、视频、音频等。不同类型的数据需要运用不同的处理方式和技术手段。

8.1.1.3 数据实时性要求高

智能电网需要实时监测电力系统的运行状态，及时发现和处理故障，因此对数据的实时性要求非常高。数据的采集、传输和处理必须在短时间内完成，以保证电网的安全稳定运行。

8.1.1.4 数据价值浓度低

尽管智能电网中的数据规模庞大，但真正具有价值的数据占比相对较小。需要借助数据挖掘、分析等技术方法，从海量的数据中提炼出有价值的信息，为电网的运行与管理提供决策支撑。

8.1.2 智能电网发展背景下数据治理的重要性

8.1.2.1 提高电网运行效率

通过对智能电网中的数据进行治理，可以实现数据的标准化、规范化和集成化，提高数据的质量和可用性。这有助于电力企业更好地了解电网的运行状态，优化电网的运行策略，提高电网的运行效率。

8.1.2.2 保障电网安全稳定

智能电网中的数据可以实时反映电力系统的运行状态，通过对数据的分析和监测，可以及时发现和处理电网中的故障和异常情况，保障电网的安全稳定运行。同时，数据治理还可以加强对电网安全风险的评估和预警，提高电网的抗风险能力。

8.1.2.3 推动智能电网创新发展

数据是智能电网创新的基础，通过对数据的挖掘和分析，可以发现新的业务模式和应用场景，推动智能电网的创新发展。例如，利用用户用电数据可以开展需求响应、能效管理等业务，提高用户的用电效率和满意度。

8.1.3 智能电网数据治理面临的挑战

8.1.3.1 数据质量问题

智能电网中的数据来源广泛，数据质量参差不齐，存在数据不准确、不完整、不一致等问题，影响了数据的可用性和价值。此外，数据的更新不及时也会导致数据的时效性降低，影响决策的准确性。

8.1.3.2 数据安全问题

智能电网中的数据涉及电力系统的运行安全和用户的隐私信息，数据安全问题至关重要。随着网络攻击技术的不断发展，智能电网面临着越来越多的安全威胁，如数据泄露、篡改、破坏等。如何保障数据的安全成为智能电网数据治理的重要挑战。

8.1.3.3 数据管理问题

智能电网中的数据量大、类型多样、实时性要求高，给数据管理带来了很大的困难。如何有效地存储、处理和分析这些数据，提高数据的管理效率和水平，是智能电网数据治理面临的重要问题。此外，数据的共享和开放也需要建立完善的数据管理机制，确保数据的安全和合法使用。

8.1.3.4 技术人才问题

智能电网数据治理需要具备专业知识和技能的技术人才，包括数据分析师、数据工程师、信息安全专家等。这类人才还相对短缺，难以满足智能电网数据治理的需求。如何培养和引进相关技术人才，成为智能电网数据治理面临的重要挑战。

8.1.4 智能电网数据治理的策略

8.1.4.1 建立数据治理体系

建立完善的数据治理体系是智能电网数据治理的基础。数据治理体系应包括数据治理的目标、原则、组织架构、流程和制度等方面。通过建立数据治理体系，可以明确数据治理的责任和分工，规范数据治理的流程和方法，提高数据治理的效率和水平。

8.1.4.2 提高数据质量

提高数据质量是智能电网数据治理的核心任务。可以通过建立数据质量评估指标体系、加强数据采集和录入的管理、开展数据清洗和验证等措施，提高数据的准确性、完整性和一致性。同时，要建立数据质量监控机制，及时发现和处理数据质量问题，确保数据的质量和可用性。

8.1.4.3 加强数据安全管理

加强数据安全管理是智能电网数据治理的重要保障。可以通过建立数据安全管理体系、加强数据加密和访问控制、开展数据备份和恢复等措施，保障数据的安全和隐私。同时，要加强对网络攻击的防范和应对，提高智能电网的抗风险能力。

8.1.4.4 推进数据管理创新

推进数据管理创新是智能电网数据治理的关键。可以通过采用大数据、云计算、人工智能等先进技术，提高数据的存储、处理和分析能力。同时，要建立数据共享和开放机制，促进数据的流通和利用，推动智能电网的创新发展。

8.1.4.5 加强技术人才培养

加强技术人才培养是智能电网数据治理的重要支撑。可以通过开展培训和教育活动、引进高端人才、建立人才激励机制等措施，培养和引进一批具备专业知识和技能的技术人才，为智能电网数据治理提供人才保障。

8.1.5 智能电网数据治理的案例分析

8.1.5.1 国家电网有限公司的数据治理实践

国家电网有限公司高度重视数据治理工作。公司建立了完善的数据治理体系，包括数据治理组织架构、数据标准体系、数据质量管控体系等。通过实施数据治理，国家电网有限公司提高了数据质量和可用性，为公司的业务创新和管理决策提供了有力支持。

8.1.5.2 某智能电网示范项目的数据治理案例

某智能电网示范项目在建设过程中充分考虑了数据治理的问题，该项目采用了先进的数据采集和传输技术，实现了数据的实时采集和传输。同时，建立了数据中心，对数据进行集中存储和管理。通过数据挖掘和分析，该项目实现了对电网运行状态的实时监测和故障预警，提高了电网的运行效率和可靠性。

8.1.6 智能电网数据治理的未来发展趋势

8.1.6.1 智能化数据治理

随着人工智能、机器学习等技术的不断发展，智能化数据治理将成为未来的发展趋势。智能化数据治理可以实现数据的自动采集、清洗、分析和决策，提高数据治理的效率和水平。同时，智能化数据治理还可以实现对数据的实时监测和预警，及时发现和处理数据质量和安全问题。

8.1.6.2 数据共享与开放

数据共享与开放是智能电网发展的必然趋势。通过数据共享和开放，可以实现不同企业、不同部门之间的数据流通和利用，提高数据的价值和利用率。同时，数据共享与开放还可以促进智能电网的创新发展，推动能源互联网的建设。

8.1.6.3 区块链技术在数据治理中的应用

区块链技术具有去中心化、不可篡改、可追溯等特点，可以为智能电网数据治理提供新的解决方案。区块链技术可以实现数据的安全存储和传输，保障数据的真实性和完整性。同时，区块链技术还可以实现数据的授权访问和共享，提高数据的安全性和隐私性。

8.1.7 结论

智能电网的发展为电力行业带来了新的机遇和挑战，数据治理作为智能电网建设的重要组成部分，对于提高电网运行效率、保障电网安全稳定及推动智能电网创新发展具有至关重要的意义。当前，智能电网数据治理面临着数据质量、数据安全、数据管理和技术人才等方面的挑战，需要采取建立数据治理体系、提高数据质量、加强数据安全管理、推进数据管理创新和加强技术人才培养等策略来加以应对。未来，智能电网数据治理将朝着智能化、数据共享与开放、区块链技术应用等方向发展。只有不断加强数据治理，才能充分发挥智能电网的优势，实现电力行业的可持续发展。

8.2 提升数据实时性与电网调度能力

在现代电力系统中，电网调度是确保电力供应安全、稳定和高效的关键环节。随着智能电网的发展和新能源的大规模接入，电网的复杂性和不确定性不断增加，对电网调度能力提出了更高的要求。而数据作为电网调度的基础，其实时性和准确性直接影响着调度决策的科学性和有效性。因此，提升数据实时性与电网调度能力成为当前电力系统研究的重要课题。

8.2.1 提升数据实时性与电网调度能力的重要性

8.2.1.1 保障电力系统安全稳定运行

实时准确的数据能够及时反映电力系统的运行状态，使调度人员能够快速发现和处理故障，保障电力系统的安全稳定运行。例如，在电网发生故障时，快速获取故障位置、故障类型等实时数据，能够帮助调度人员迅速制订抢修方案、缩短停电时间、降低对用户的影响。

8.2.1.2 提高电网运行效率

通过对实时数据的分析和处理，调度人员可以优化电网运行方式，提高电网的运行效率。例如，根据实时负荷数据和发电功率数据，合理调整发电机组的出力，实现电力供需平衡，降低电网损耗。

8.2.1.3 促进新能源的消纳

新能源具有间歇性和波动性的特点，对电网的调度能力提出了更高的要求。实时准确的数据能够帮助调度人员更好地预测新能源的出力情况，合理安排常规电源与新能源的协调运行，提高新能源的消纳能力。

8.2.1.4 推动智能电网的发展

智能电网的核心是实现电力系统的智能化管理，而数据实时性和电网调度能力是实现智能电网的关键。提升数据实时性与电网调度能力，能够为智能电网的各种高级应用提供可靠的数据支持，推动智能电网的发展。

8.2.2 提升数据实时性与电网调度能力面临的挑战

8.2.2.1 数据采集与传输的挑战

（1）数据量大

随着电力系统规模的不断扩大和智能化设备的广泛应用，数据采集点的数量急剧增加，导致数据量呈爆炸式增长。如何快速、准确地采集和传输如此大量的数据，是提升数据实时性面临的重要挑战。

（2）数据传输延迟

在数据传输过程中，由于网络拥塞、通信设备故障等原因，可能会导致数据传输延迟。而电网调度对数据的实时性要求非常高，数据传输延迟可能会影响调度决策的及时性和准确性。

(3) 数据质量问题

数据采集过程中可能会受到噪声、干扰等因素的影响，导致数据质量下降。低质量的数据可能会误导调度人员的决策，影响电网的安全稳定运行。

8.2.2.2 数据分析与处理的挑战

(1) 数据分析算法的复杂性

为了从大量的实时数据中提取有价值的信息，需要采用复杂的数据分析算法。然而，这些算法的计算量通常很大，对计算资源和时间要求较高，难以满足电网调度对实时性的要求。

(2) 数据的实时性与准确性的平衡

在数据分析过程中，为了提高数据的实时性，可能需要牺牲一定的准确性，而电网调度对数据的准确性要求却很高，如何在实时性和准确性之间找到平衡，是一个亟待解决的问题。

(3) 数据的多源性和异构性

电力系统中的数据来源广泛，包括传感器、智能电表、SCADA（数据采集与监视控制）系统等；数据类型也多种多样，包括结构化数据、半结构化数据和非结构化数据。如何有效地整合和处理这些多源、异构数据，是提升数据分析能力面临的挑战。

8.2.2.3 电网调度的挑战

(1) 复杂的电网结构和运行方式

现代电网结构复杂，运行方式多变，给电网调度带来了很大的困难。如何在复杂的电网环境下实现快速、准确的调度决策，是提升电网调度能力面临的重要挑战。

(2) 新能源的不确定性

新能源的出力具有间歇性和波动性，给电网调度带来了很大的不确定性。如何在考虑新能源不确定性的情况下，制订合理的调度计划，是电网调度面临的新挑战。

（3）调度人员的素质和能力

电网调度需要调度人员具备较高的专业素质和能力，包括对电力系统的深入理解、对数据分析结果的准确判断、对突发事件的快速响应等。然而，目前部分调度人员的素质和能力还不能完全满足电网调度的要求，需要进一步提高。

8.2.3 提升数据实时性的解决方案

8.2.3.1 优化数据采集与传输技术

（1）采用先进的传感器技术

选择高精度、高可靠性的传感器，提高数据采集的准确性和稳定性。同时，采用分布式传感器网络，实现对电力系统的全方位监测，提高数据采集的覆盖范围和密度。

（2）优化数据传输网络

采用高速、可靠的通信网络，如光纤通信、无线通信等，提高数据传输的速度和稳定性。同时，采用数据压缩技术和数据缓存技术，减少数据传输量和传输延迟。

（3）建立数据采集与传输的标准规范

制定统一的数据采集与传输标准规范，确保数据的格式、精度、频率等符合要求，提高数据的兼容性和可扩展性。

8.2.3.2 改进数据分析与处理方法

（1）采用实时数据分析算法

选择计算量小、实时性高的数据分析算法，如在线学习算法、增量学习算法等，实现对实时数据的快速分析和处理。同时，采用并行计算技术和分布式计算技术，提高数据分析的速度和效率。

（2）建立数据质量评估与控制体系

对采集到的数据进行质量评估，及时发现和处理低质量数据。同时，建立数据质量控制体系，采取数据清洗、数据校验等措施，提高数据的质量和准确性。

（3）融合多源、异构数据

采用数据融合技术，将来自不同数据源的多源、异构数据进行整合和处理，提取有价值的信息。同时，建立统一的数据模型和数据仓库，实现数据的共享和交换。

8.2.4 提升电网调度能力的解决方案

8.2.4.1 发展智能调度技术

（1）采用智能调度算法

研究和应用智能调度算法，如遗传算法、粒子群算法、模糊逻辑算法等，实现对电网运行状态的智能评估和优化调度。同时，结合人工智能技术，如机器学习、深度学习等，提高调度决策的智能化水平。

（2）建立智能调度系统

构建集数据采集、分析、决策、控制于一体的智能调度系统，实现电网调度的自动化、智能化和高效化。同时，加强智能调度系统与其他电力系统自动化系统的集成和协同，提高电力系统的整体运行效率。

（3）开展电网运行模拟与预测

利用电网运行模拟软件和预测模型，对电网的运行状态进行模拟和预测，为调度决策提供科学依据。同时，结合实时数据和预测结果，制订灵活的调度计划，提高电网的适应性和抗干扰能力。

8.2.4.2 加强新能源的接入与管理

（1）提高新能源的预测精度

研究和应用新能源预测技术，如短期功率预测、超短期功率预测等，提高新能源的预测精度。同时，结合气象数据、历史数据等多源信息，提高预测的准确性和可靠性。

（2）优化新能源的调度策略

制定合理的新能源调度策略，如优先消纳新能源、协调常规电源与新能源的运行等，提高新能源的消纳能力。同时，加强对新能源的实时监测和控制，确保新能源的安全稳定接入。

（3）建立新能源与电网的互动机制

建立新能源与电网的互动机制，实现新能源与电网的协调发展。例如，通过需求响应、储能技术等手段，实现新能源与电网的双向互动，提高电网的灵活性和适应性。

8.2.4.3 提高调度人员的素质和能力

（1）加强培训与教育

定期组织调度人员参加培训和教育活动，提高调度人员的专业素质和能力。培训内容包括电力系统理论、数据分析技术、智能调度算法、新能源接入与管理等方面。

（2）建立激励机制

建立激励机制，鼓励调度人员积极学习和应用新技术、新方法，提高调度工作的效率和质量。同时，对表现优秀的调度人员进行表彰和奖励，激发调度人员的工作积极性和创造性。

（3）开展交流与合作

加强与国内外同行的交流与合作，学习先进的调度经验和技术。同时，积极参与国际标准制定和学术交流活动，提高我国在电网调度领域的国际影响力。

8.2.5 提升数据实时性与电网调度能力的案例分析

8.2.5.1 某地区智能电网项目

该地区通过建设智能电网，采用先进的传感器技术、通信技术和数据分析技术，实现了对电力系统的实时监测和智能调度。具体措施有以下几种。

①安装智能电表和传感器，实现对用户用电数据和电网运行状态数据的实时采集。

②建立高速通信网络，实现数据的快速传输和共享。

③采用实时数据分析算法，对采集到的数据进行快速分析和处理，为调度决策提供科学依据。

④应用智能调度算法，实现对电网运行状态的智能评估和优化调度。

通过以上的措施，该地区提高了数据的实时性和准确性，提升了电网调度的智能化水平和效率，实现了电力系统的安全稳定运行和高效节能。

8.2.5.2 某新能源接入项目

该项目通过优化新能源的接入与管理，提高了新能源的消纳能力和电网调度的适应性。具体措施有以下三种。

①采用新能源预测技术，提高新能源的预测精度。

②制定合理的新能源调度策略，优先消纳新能源。

③建立新能源与电网的互动机制，实现新能源与电网的协调发展。

通过以上的措施，该项目提高了新能源的接入比例，降低了对传统能源的依赖，实现了电力系统的可持续发展。

8.2.6 结论

提升数据实时性与电网调度能力是保障电力系统安全稳定运行、提高电网运行效率、促进新能源消纳和推动智能电网发展的关键。面对数据采集与传输、数据分析与处理、电网调度等方面的挑战，我们可以通过优化数据采集与传输技术、改进数据分析与处理方法、发展智能调度技术、加强新能源的接入与管理和提高调度人员的素质和能力等措施来加以解决。同时，结合实际案例分析可以看出，这些措施在提高数据实时性与电网调度能力方面具有显著的效果。未来，随着信息技术的不断发展和电力系统的智能化进程的加速，我们还需要不断探索新的技术和方法，进一步提升数据实时性与电网调度能力，为电力系统的可持续发展提供有力支持。

8.3 数据采集、存储与智能分析优化

在当今数字化时代,数据已成为企业和组织的核心资产之一。有效的数据采集、存储与智能分析优化能够为决策提供准确的依据,提高运营效率,推动创新发展。随着信息技术的不断进步,数据的规模、种类和复杂性呈爆炸式增长,给数据采集、存储和分析带来了巨大的挑战。因此,研究数据采集、存储与智能分析优化具有重要的现实意义。

8.3.1 数据采集的重要性与挑战

8.3.1.1 数据采集的重要性

(1)为决策提供依据

准确、及时的数据采集能够为企业和组织的决策提供可靠的依据。通过收集市场、客户、竞争对手等方面的数据,企业可以了解市场动态、客户需求和竞争态势,从而制定更加科学合理的战略和决策。

(2)提高运营效率

数据采集可以帮助企业实时监控业务流程,发现问题并及时进行调整。例如,在生产制造领域,通过采集设备运行数据和生产过程数据,可以实现对生产过程的精细化管理,提高生产效率和产品质量。

(3)推动创新发展

数据采集为创新提供了丰富的素材和灵感。通过分析大量的数据,企业可以发现新的市场机会、产品需求和业务模式,从而推动创新发展。

8.3.1.2 数据采集面临的挑战

(1)数据来源的多样性

随着物联网、社交媒体、移动互联网等技术的发展,数据的来源越来越多样化。不同来源的数据具有不同的格式、结构和质量,如何有效地整合这些数据成为数据采集的一大挑战。

（2）数据质量问题

数据质量是影响数据分析结果准确性的关键因素。在数据采集过程中，可能会出现数据缺失、错误、重复等问题，如何确保数据的质量成为数据采集的重要任务。

（3）数据采集的实时性要求

在一些应用场景中，如金融交易、工业控制等，对数据采集的实时性要求非常高。如何在保证数据质量的前提下，实现数据的实时采集成为数据采集的难点问题之一。

（4）数据安全与隐私保护

数据采集涉及大量的敏感信息，如个人身份信息、财务数据等。如何确保数据的安全和隐私保护成为数据采集的重要挑战。

8.3.2 数据存储的重要性与挑战

8.3.2.1 数据存储的重要性

（1）保证数据的可用性

数据存储是数据管理的基础，只有将数据存储在可靠的存储设备中，才能保证数据的可用性。当需要使用数据时，可以随时从存储设备中读取数据，为数据分析和决策提供支持。

（2）提高数据的可管理性

通过合理的数据存储架构，可以实现对数据的分类、索引和备份，提高数据的可管理性。同时，数据存储架构还可以支持数据的快速检索和查询，提高数据的使用效率。

（3）满足数据的长期保存需求

对于一些重要的数据，如企业的历史财务数据、科研数据等，需要进行长期保存。数据存储可以提供可靠的存储介质和备份机制，满足数据的长期保存需求。

8.3.2.2 数据存储面临的挑战

（1）数据量的爆炸式增长

随着数据采集技术的不断进步和应用场景的不断扩展，数据量呈爆炸式增长。如何存储如此大量的数据成为数据存储面临的首要挑战。传统的存储架构已经无法满足大数据时代的数据存储需求，需要采用新的存储技术和架构。

（2）数据存储的成本问题

数据存储需要占用大量的存储设备和存储空间，同时还需要进行数据备份和维护，这会带来巨大的成本压力。如何在保证数据存储质量的前提下，降低数据存储的成本成为数据存储面临的重要问题。

（3）数据存储的性能问题

在大数据时代，数据的访问频率和并发访问量都非常高。如何提高数据存储的性能，满足高并发访问和快速检索的需求成为数据存储面临的挑战之一。

（4）数据存储的安全问题

数据存储涉及大量的敏感信息，如企业的商业机密、个人的隐私信息等。如何确保数据存储的安全，防止数据泄露和篡改成为数据存储面临的重要挑战。

8.3.3 智能分析的重要性与挑战

8.3.3.1 智能分析的重要性

（1）发现数据中的潜在价值

智能分析可以通过数据挖掘、机器学习等技术，从大量的数据中发现潜在的规律和价值。这些价值可以为企业和组织的决策提供重要的支持，帮助企业和组织实现业务增长和创新发展。

（2）提高决策的准确性和效率

智能分析可以快速处理大量的数据，并提供准确的分析结果。这可以帮助企业和组织的决策者在短时间内做出更加科学合理的决策，提高决策的准确性和效率。

(3) 实现智能化管理和运营

智能分析可以应用于企业和组织的各个领域，如生产制造、市场营销、财务管理等。通过智能分析，可以实现对业务流程的智能化管理和运营，提高企业和组织的竞争力。

8.3.3.2 智能分析面临的挑战

(1) 数据的复杂性

随着数据量的增长和数据来源的多样化，数据的复杂性也在不断增加。如何处理如此复杂的数据，提取有价值的信息成为智能分析面临的挑战之一。

(2) 算法的选择和优化

智能分析需要选择合适的算法并对算法进行优化，以提高分析结果的准确性和效率。然而，不同的算法适用于不同的数据集和问题，如何选择合适的算法并进行优化成为智能分析面临的难题。

(3) 计算资源的限制

智能分析需要大量的计算资源，如 CPU、内存、存储等。在大数据时代，计算资源的需求呈爆炸式增长，如何在有限的计算资源下实现高效的智能分析成为智能分析面临的挑战之一。

(4) 模型的可解释性

智能分析的结果通常是由复杂的模型生成的，这些模型的可解释性往往较差。如何提高模型的可解释性，让决策者能够理解分析结果的含义和依据成为智能分析面临的挑战之一。

8.3.4 数据采集、存储与智能分析优化的策略

8.3.4.1 数据采集优化策略

(1) 运用多元的数据采集技术

鉴于数据来源的多样性，需要运用多样化的数据采集技术，如传感器

采集、网络爬虫、日志文件分析等。与此同时，还可借助物联网技术，达成对物理世界的实时监测与数据采集。

（2）构建数据质量监控体系

为确保数据质量，应构建数据质量监控体系，对数据采集过程进行实时监控与质量评估。一旦发现数据质量问题，应及时进行处理与纠正。

（3）达成数据采集的实时性

为满足数据采集的实时性要求，可采用流式数据处理技术，实现对数据的实时采集与处理。同时，还可利用分布式计算技术，提升数据采集的效率与速度。

（4）加强数据安全与隐私保护

为了确保数据的安全和隐私保护，应采用加密技术、访问控制技术等安全措施，对数据采集的过程进行安全防护。同时，还应遵守相关的法律法规，保护用户的隐私权益。

8.3.4.2　数据存储优化策略

（1）采用分布式存储架构

为了应对数据量的爆炸式增长，应采用分布式存储架构，将数据分散存储在多个存储节点上。分布式存储架构可以提高存储容量和性能，同时还可以实现数据的冗余备份和高可用性。

（2）选择合适的存储技术

依据数据的特性和需求，挑选合适的存储解决方案，如关系型数据库、非关系型数据库、分布式文件系统等。不同的存储技术具有不同的特点和适用场景，应根据实际情况进行选择。

（3）优化数据存储结构

为了提高数据存储的性能和可管理性，应优化数据存储结构，如采用索引、分区、压缩等技术。同时，还应合理规划数据的存储位置和存储方式，提高数据的访问效率。

（4）降低数据存储成本

为了降低数据存储的成本，可以采用数据压缩、存储虚拟化等技术，减少存储设备的占用空间和维护成本。同时，还可以利用云计算技术，实现按需付费的存储服务，降低存储成本。

8.3.4.3 智能分析优化策略

（1）选择合适的分析算法

为了应对数据的复杂性，应选择合适的分析算法，如聚类分析、分类分析、关联规则挖掘等。同时，还需要依据数据的特定属性和问题的具体需求，对算法进行调整和优化，以提升分析结果的精确度和效率。

（2）利用分布式计算技术

为了提高智能分析的效率和性能，可以利用分布式计算技术，将分析任务分配到多个计算节点上进行并行处理。分布式计算技术可以提高计算资源的利用率，缩短分析时间。

（3）建立模型评估和优化机制

为了提高模型的准确性和可解释性，应建立模型评估和优化机制，对分析结果进行评估和验证。当发现模型存在问题时，应及时进行调整和优化。

（4）结合领域知识和专家经验

为了提高智能分析的结果的实用性和可信度，应结合领域知识和专家经验，对分析结果进行解释和验证。同时，还可以利用专家系统和知识图谱等技术，实现智能化的决策支持。

8.3.5 各行业的数据采集、存储与智能分析优化

8.3.5.1 电商企业的数据采集、存储与智能分析优化

（1）数据采集

电商企业通过网络爬虫、日志文件分析等技术，收集用户的浏览历史、购买记录、评价信息等数据。同时，还利用物联网技术，实现对商品库存、物流状态等数据的实时监测和采集。

（2）数据存储

电商企业采用分布式存储架构，将数据存储在多个存储节点上。同时，还依据数据的特性和需求，挑选了合适的存储技术，如关系型数据库、非关系型数据库、分布式文件系统等，以此进行数据存储。

（3）智能分析

电商企业利用数据挖掘、机器学习等技术，对用户数据进行分析，发现用户的购买行为模式和偏好。同时，还结合领域知识和专家经验，对分析结果进行解释和验证，为用户提供个性化的推荐和营销服务。

8.3.5.2 金融行业的数据采集、存储与智能分析优化

（1）数据采集

金融机构通过网络爬虫、日志文件分析等技术，收集市场行情、客户交易记录、信用评级等数据。同时，还利用物联网技术，实现对金融设备数据的实时监测和采集。

（2）数据存储

金融机构采用分布式存储架构，将数据存储在多个存储节点上。同时，还依据数据的特定属性和需求，选择了恰当的存储解决方案，包括关系型数据库、非关系型数据库、分布式文件系统等，以此实现数据存储。

（3）智能分析

金融机构利用数据挖掘、机器学习等技术，对客户数据进行分析，发现客户的风险偏好和投资需求。同时，还结合领域知识和专家经验，对分析结果进行解释和验证，为客户提供个性化的金融服务和投资建议。

8.3.5.3 制造业的数据采集、存储与智能分析优化

（1）数据采集

制造企业通过传感器采集、网络爬虫、日志文件分析等技术，收集生产设备的运行状态、生产过程数据、产品质量数据等。同时，还利用物联网技术，实现对供应链的实时监测和采集。

（2）数据存储

制造企业采用分布式存储架构，将数据存储在多个存储节点上。同时，

还选择了合适的存储技术，如关系型数据库、非关系型数据库、分布式文件系统等，根据数据的特点和需求进行存储。

（3）智能分析

制造企业利用数据挖掘、机器学习等技术，对生产数据进行分析，发现生产过程中的潜在问题和优化空间。同时，还结合领域知识和专家经验，对分析结果进行解释和验证，为企业提供智能化的生产管理和决策支持。

8.3.6 数据采集、存储与智能分析优化的未来发展趋势

8.3.6.1 数据采集的未来发展趋势

（1）智能化数据采集

随着人工智能技术的不断发展，数据采集将越来越智能化。智能传感器、智能机器人等设备将能够自动采集数据，并对数据进行初步的处理和分析。

（2）边缘计算与数据采集的融合

边缘计算技术将与数据采集技术结合，实现数据的本地处理和分析。这将减少数据传输的延迟和带宽占用，提高数据采集的实时性和效率。

（3）数据采集的安全与隐私保护

随着数据安全和隐私保护的重要性日益凸显，数据采集将更加注重安全和隐私保护。加密技术、访问控制技术等安全措施将得到广泛应用，确保数据的安全和隐私权益。

8.3.6.2 数据存储的未来发展趋势

（1）分布式存储的进一步发展

分布式存储技术将不断发展和完善，提高存储容量、性能和可靠性。同时，分布式存储将与云计算技术相结合，实现存储资源的弹性扩展和按需分配。

（2）新型存储技术的应用

随着存储技术的不断创新，新型存储技术如闪存、忆阻器等将得到广

泛应用。这些新型存储技术具有更高的存储密度、更快的读写速度和更低的能耗，将为数据存储带来新的机遇。

（3）数据存储的智能化管理

数据存储将越来越智能化，实现对存储资源的自动管理和优化。智能存储系统将能够根据数据的特点和需求，自动调整存储策略，提高存储效率和性能。

8.3.6.3 智能分析的未来发展趋势

（1）深度学习与智能分析的深度融合

深度学习技术将与智能分析技术深度融合，提高分析结果的准确性和效率。深度学习模型将能够自动学习数据中的特征和规律，实现对复杂数据的智能分析和预测。

（2）强化学习在智能分析中的应用

强化学习技术将在智能分析中得到广泛应用，实现对决策过程的优化和自动化。强化学习模型将能够根据环境的反馈，自动调整决策策略，提高决策的准确性和效率。

（3）智能分析的可解释性和透明度

随着智能分析的广泛应用，人们对分析结果的可解释性和透明度的要求将越来越高。未来的智能分析技术将更加注重模型的可解释性和透明度，让决策者能够理解分析结果的含义和依据。

8.3.7 结论

数据采集、存储与智能分析优化是当今数字化时代的重要课题。通过对数据采集技术、存储架构和智能分析方法的研究和优化，可以提高数据的质量、可用性和价值，为企业和组织的决策提供准确的依据，提高运营效率，推动创新发展。然而，数据采集、存储与智能分析优化也面临着诸多挑战，如数据来源的多样性、数据质量问题、数据存储的成本和性能问题、智能分析的算法选择和优化问题等。为了应对这些挑战，需要采用多样化的数据采集技术、建立数据质量监控体系、实现数据采集的实时性、加强数据安全与隐私保护、采用分布式存储架构、选择合适的存储技术、优化数据存储结构、降低数据存储成本、选择合适的分析算法、利用分布式计算技术、建立模型评估和优化机制、结合领域知识和专家经验等优化策略。同时，还需要结合实际案例进行分析和验证，不断探索新的技术和方法，推动数据采集、存储与智能分析优化的发展。未来，数据采集、存储与智能分析优化将朝着智能化、分布式、新型存储技术应用、深度学习与强化学习融合、可解释性和透明度提高等方向发展。

8.4 技术部署与系统集成的过程

8.4.1 D智能电网公司的数据智能化管理技术部署

8.4.1.1 数据采集技术

（1）传感器技术

D智能电网公司采用了先进的传感器技术，对电力设备的运行状态、电网的负荷情况等进行实时监测。传感器包括温度传感器、电压传感器、电流传感器等，可以实时采集设备的运行参数和电网的负荷数据。

（2）通信技术

为了实现数据的实时传输，D智能电网公司采用了多种通信技术，包括有线通信和无线通信。有线通信主要采用光纤通信技术，具有高带宽、低延迟和高可靠性的特点；无线通信主要采用5G通信技术，具有高速率、低功耗和广覆盖的特点。

（3）数据预处理技术

在数据采集过程中，会产生大量的噪声和干扰数据。为了提高数据的质量，D智能电网公司采用了数据预处理技术，对采集到的数据进行清洗、去噪和校准，以提高数据的准确性和可靠性。

8.4.1.2 数据存储技术

（1）分布式存储技术

D智能电网公司采用了分布式存储技术，将海量数据分散存储在多个存储节点上，提高了数据的存储容量和可靠性。分布式存储技术采用了冗余备份和数据复制技术，确保数据的安全性和可用性。

（2）数据仓库技术

为了实现对历史数据的存储和分析，D智能电网公司建立了数据仓库。数据仓库采用了关系型数据库和多维数据模型，对历史数据进行存储和管理。同时，还采用了数据提取、转换和加载（ETL）技术，将分散在各个系统中的数据整合到数据仓库中。

（3）云存储技术

为了实现数据的灵活存储和共享，D智能电网公司采用了云存储技术。云存储技术采用了虚拟化技术和分布式文件系统，将数据存储在云端，用户可以通过互联网随时随地访问和使用数据。

8.4.1.3 数据处理技术

（1）大数据处理技术

D智能电网公司采用了大数据处理技术，对海量数据进行快速处理和分析。大数据处理技术包括Hadoop生态系统、Spark框架等，可以实现对大规模数据的分布式存储和并行处理。

（2）实时数据处理技术

为了实现对实时数据的处理和分析，D智能电网公司采用了实时数据处理技术，包括Storm框架、Flink框架等。实时数据处理技术可以实现对实时数据的快速处理和分析，为电网的实时监测和控制提供支持。

（3）数据挖掘技术

为了发现数据中的潜在规律和价值，D智能电网公司采用了数据挖掘技术，包括关联规则挖掘、聚类分析、分类分析等。数据挖掘技术能够从大量数据中提取出有价值的信息，辅助电网运行的决策方案制订。

8.4.1.4 数据分析技术

(1) 机器学习算法

D 智能电网公司采用了机器学习算法，对智能电网数据进行分析和预测。机器学习算法包括回归算法、分类算法、聚类算法等，可以实现对电网负荷预测、设备故障诊断、电能质量分析等任务的自动化处理。

(2) 深度学习算法

为了实现对复杂数据的分析和处理，D 智能电网公司采用了深度学习算法，包括卷积神经网络（CNN）、循环神经网络（RNN）等。深度学习算法可以实现对图像、语音、文本等复杂数据的分析和处理，为智能电网的智能化管理提供支持。

(3) 可视化分析技术

为了直观地展示数据分析结果，D 智能电网公司采用了可视化分析技术，包括数据仪表盘、报表生成、地图可视化等。可视化分析技术可以将复杂的数据以直观的形式展示出来，方便用户理解和使用。

8.4.2 D 智能电网公司的数据智能化管理系统集成过程

8.4.2.1 数据接口标准化

(1) 制定数据接口标准

为了实现各子系统之间的数据交互和协同工作，D 智能电网公司制定了统一的数据接口标准。数据接口标准包括数据格式、通信协议、数据字典等方面的规范，确保各子系统之间的数据能够准确无误地传输和共享。

(2) 数据接口开发与测试

根据数据接口标准，D 智能电网公司开发了相应的数据接口并进行了严格的测试和验证。数据接口开发采用了面向服务的架构（SOA）和 Web 服务技术，实现了数据的远程调用和共享。

8.4.2.2 系统架构设计

(1) 总体架构设计

D智能电网公司的数据智能化管理系统采用了分层架构设计，包括数据采集层、数据存储层、数据处理层、数据分析层和应用层。各层之间通过数据接口进行交互和协同工作，实现了数据的全流程管理和应用。

(2) 技术选型与集成

在系统架构设计过程中，D智能电网公司进行了技术选型和集成。技术选型主要考虑了技术的先进性、成熟性、可靠性和可扩展性等因素。集成主要采用了微服务架构和容器化技术，实现了系统的快速部署和弹性扩展。

8.4.2.3 集成测试与优化

(1) 集成测试

在系统集成完成后，D智能电网公司进行了严格的集成测试。集成测试包括功能测试、性能测试、安全测试等方面的测试，确保系统的各项功能和性能指标符合要求。

(2) 优化与改进

根据集成测试的结果，D智能电网公司对系统进行了优化和改进。优化主要包括性能优化、功能优化和用户体验优化等方面的改进，提高了系统的稳定性、可靠性和易用性。

8.4.3 D智能电网公司数据智能化管理的效果分析

8.4.3.1 实时监测与控制

通过数据智能化管理系统，D智能电网公司实现了对电力设备的实时监测和控制。系统能够持续收集设备运行状态的信息并对这些数据进行实时分析和处理，以便快速识别设备的故障和异常状态并采取必要的措施来应对，从而增强了设备的可靠性与安全性。

8.4.3.2 负荷预测与优化调度

通过对用户用电数据的分析和预测，D智能电网公司实现了负荷预测和优化调度。系统可以根据历史用电数据和天气等因素，预测未来的负荷变化趋势并制订相应的调度计划，优化电网的运行方式，提高了电网的效率和可靠性。

8.4.3.3 设备故障诊断与预测维护

通过对设备运行状态数据的分析和处理，D智能电网公司实现了设备故障诊断和预测维护。系统可以实时监测设备的运行状态并对数据进行分析和处理，及时发现设备的故障和异常情况，进行故障诊断和预测维护，提高了设备的可靠性和可用性。

8.4.3.4 数据分析与决策支持

通过对智能电网数据的分析和挖掘，D智能电网公司为电网的运行决策提供了有力的支持。系统可以从海量数据中挖掘出有价值的信息并进行分析和处理，为电网的规划、建设、运行和维护提供决策建议，提高了电网的管理水平和运营效率。

8.4.4 D智能电网数据智能化管理的未来发展趋势

8.4.4.1 人工智能与大数据融合

随着人工智能技术的不断发展，人工智能与大数据的融合将成为智能电网数据智能化管理的未来发展趋势。人工智能可以通过对大数据的分析和处理，实现对电网的智能化管理和控制，提高电网的效率和可靠性。

8.4.4.2 边缘计算与云计算协同

智能电网数据管理的未来趋势将是边缘计算与云计算的结合。边缘计算能够快速处理和分析实时数据，而云计算则能够存储和处理大量数据。两者协同工作，可以提高智能电网的数据处理效率和管理水平。

8.4.4.3 区块链技术应用

区块链技术的应用将成为智能电网数据智能化管理的未来发展趋势。区块链技术可以实现数据的安全存储和共享，提高数据的可信度和安全性；同时，区块链技术还可以实现智能合约的自动化执行，提高电网的管理效率和运营水平。

8.4.4.4 数据安全与隐私保护

随着数据的价值不断提高，数据安全和隐私保护将成为智能电网数据智能化管理的重要问题。未来，智能电网需要采用更加先进的数据安全和隐私保护技术，确保数据的安全存储和共享，保护用户的隐私和权益。

8.4.5 结论

D 智能电网公司通过数据智能化管理的技术部署与系统集成，实现了对智能电网数据的高效采集、存储、处理和分析，为电网的运行决策提供了有力的支持。未来，随着信息技术的不断发展，智能电网数据智能化管理将面临更多的挑战和机遇。D 智能电网公司需要不断探索和创新，采用更加先进的技术和方法，提高智能电网的数据管理水平和运营效率，为智能电网的发展做出更大的贡献。

8.5 数据实时性与准确性的成果

8.5.1 智能电网对数据实时性与准确性的需求

8.5.1.1 实时监测与控制

智能电网需要对电力系统的运行状态进行实时监测，以便及时发现问题并采取相应的控制措施。这就要求数据具有高实时性，能够及时反映电力系统的变化情况。同时，数据的准确性也至关重要，只有准确的数据才能为控制决策提供可靠的依据。

8.5.1.2 负荷预测与优化调度

准确的负荷预测是智能电网优化调度的基础。通过对历史负荷数据的分析和实时负荷数据的监测，可以预测未来的负荷变化趋势，从而制订合理的调度计划。这就需要数据具有高准确性和实时性，以确保负荷预测的准确性和调度计划的有效性。

8.5.1.3 故障诊断与快速恢复

当电力系统发生故障时，快速准确地诊断故障并采取恢复措施是保障电网安全稳定运行的关键。这就要求数据能够及时反映故障情况，并且具有高准确性，以便准确判断故障类型和位置，为故障恢复提供支持。

8.5.1.4 能源管理与优化

智能电网需要实现对能源的高效管理和优化利用。通过对能源生产、传输和消费数据的实时监测和分析，可以优化能源的分配和使用，提高能源利用效率。这就需要数据具有高实时性和准确性，以确保能源管理决策的科学性和有效性。

8.5.2 D 智能电网公司提高数据实时性与准确性的技术手段

8.5.2.1 先进的传感器技术

D 智能电网公司采用了先进的传感器技术，对电力系统的各个环节进行实时监测。这些传感器以其精准、可靠和实时的特性，能够精确地收集电力系统的运行信息。例如，使用智能电表可以即时监控用户的电力消耗，为电力负荷的预测和调度优化提供精确的数据依据。

8.5.2.2 高速通信网络

为了确保数据的实时传输，D 智能电网公司建立了高速通信网络。该网络采用了先进的通信技术，如光纤通信、5G 通信等，具有高带宽、低延迟的特点，能够快速传输大量的实时数据。同时，该通信网络还具有高可靠性和安全性，确保数据的准确传输。

8.5.2.3　大数据处理技术

智能电网产生的数据量巨大，需要采用大数据处理技术来提高数据的处理效率和准确性。D 智能电网公司采用了分布式计算、并行处理等大数据处理技术，能够快速处理海量的实时数据。同时，通过数据清洗、去噪等技术手段，可以提高数据的准确性。

8.5.2.4　人工智能与机器学习算法

D 智能电网公司利用人工智能与机器学习算法对数据进行分析和预测，提高数据的准确性和实时性。例如，采用机器学习算法对负荷进行预测，可以根据历史数据和实时数据的变化情况，自动调整预测模型，提高预测的准确性。同时，通过人工智能算法对故障进行诊断，可以快速准确地判断故障类型和位置，为故障恢复提供支持。

8.5.3　D 智能电网公司提高数据实时性与准确性的管理措施

8.5.3.1　建立完善的数据管理体系

D 智能电网公司建立了完善的数据管理体系，包括数据采集、存储、处理、分析和应用等环节。通过制定严格的数据管理制度和流程，确保数据的准确性和实时性。同时，加强对数据管理人员的培训和考核，提高他们的数据管理意识和技能水平。

8.5.3.2　加强数据质量监控

为了确保数据的准确性，D 智能电网公司加强了对数据质量的监控。通过建立数据质量监测系统，对数据进行实时监测和分析，及时发现数据中的异常情况并进行处理。同时，定期对数据进行质量评估，不断改进数据管理工作，提高数据质量。

8.5.3.3　强化数据安全管理

数据安全是保障数据实时性与准确性的重要前提。D 智能电网公司强化了数据安全管理，采取了多种安全措施，如数据加密、访问控制、备份恢复等，确保数据的安全性和完整性。同时，加强对网络安全的防护，防止黑客攻击和数据泄露。

8.5.3.4　促进数据共享与协同

智能电网是一个复杂的系统，需要各部门之间的数据共享与协同。D智能电网公司建立了数据共享平台，促进各部门之间的数据共享和协同工作。通过数据共享，可以提高数据的利用效率，减少数据重复采集，提高数据的准确性和实时性。

8.5.4　数据实时性与准确性在智能电网中的应用效果

8.5.4.1　实时监测与控制

通过数据的实时性与准确性，D智能电网公司能够实现对电力系统的实时监测和控制。例如，当电力系统发生故障时，能够及时准确地判断故障类型和位置并采取相应的控制措施，快速恢复供电。同时，通过对电力设备的实时监测，可以及时发现设备的异常情况，提前进行维护和检修，避免设备故障的发生。

8.5.4.2　负荷预测与优化调度

准确的负荷预测和优化调度可以提高电网的运行效率和可靠性。D智能电网公司通过对历史负荷数据和实时负荷数据的分析，能够准确地预测未来的负荷变化趋势并制订合理的调度计划。同时，通过实时监测电力系统的运行状态，可以根据实际情况及时调整调度计划，优化电网的运行方式。

8.5.4.3　故障诊断与快速恢复

快速准确地诊断故障并采取恢复措施是保障电网安全稳定运行的关键。D智能电网公司通过对数据的实时监测和分析，能够快速准确地判断故障的类型和位置并采取相应的恢复措施。例如，当电力系统发生故障时，能够自动隔离故障区域，快速恢复非故障区域的供电，减少停电时间和损失。

8.5.4.4 能源管理与优化

通过对能源生产、传输和消费数据的实时监测和分析，D 智能电网公司能够实现对能源的高效管理和优化利用。例如，通过对用户用电情况的实时监测，可以制订个性化的用电方案，引导用户合理用电，提高能源利用效率。同时，通过对能源生产和传输数据的分析，可以优化能源的分配和使用，降低能源损耗。

8.5.5 智能电网数据智能化管理的未来发展趋势

8.5.5.1 物联网技术的广泛应用

随着物联网技术的不断发展，智能电网将实现对电力系统各个环节的全面感知和实时监测。物联网技术可以将大量的传感器和设备连接起来，自动化数据采集和传输能够提升数据的即时性和精确度。同时，物联网技术还能实现设备的远程操控和管理，进而提高电网的智能化程度。

8.5.5.2 人工智能与大数据的深度融合

人工智能与大数据的深度融合将成为未来智能电网数据智能化管理的重要趋势。通过人工智能算法对大数据进行分析和挖掘，可以发现数据中的潜在规律和价值，为智能电网的运行决策提供更加准确和科学的依据。同时，人工智能还可以实现对电力系统的自主学习和优化，提高电网的运行效率和可靠性。

8.5.5.3 区块链技术的应用

区块链技术以其分布式、不可更改和高度安全的特性，能够为智能电网的数据管理带来创新的解决策略。利用区块链技术，可以保障数据的安全存储与共享，维护数据的真实性和完整性。同时，区块链技术还可以实现智能合约的自动执行，提高电网的管理效率和运营水平。

8.5.5.4 边缘计算的发展

边缘计算是一种将计算和存储资源靠近数据源的技术，可以提高数据的处理效率和实时性。在智能电网中，边缘计算可以将数据处理和分析功能部署在靠近电力设备的边缘节点上，实现对数据的实时处理和分析，减少数据传输延迟，提高电网的响应速度。

8.5.6 结论

D智能电网公司通过采用先进的技术手段和管理措施，实现了数据的实时性与准确性，为智能电网的高效运行和优化决策提供了有力保障。未来，随着信息技术的不断发展，智能电网数据智能化管理将面临更多的挑战和机遇。D智能电网公司需要不断探索和创新，加强技术研发和管理创新，提高数据智能化管理水平，为智能电网的发展做出更大的贡献。

8.6 技术创新与智能电网发展的贡献

8.6.1 智能电网与数据智能化管理的关系

8.6.1.1 智能电网的特点和需求

智能电网具有高度自动化、信息化和互动化的特点，需要实时采集、处理和分析大量的电力数据。这些数据包括电网运行状态数据、用户用电数据、新能源发电数据等，对于智能电网的稳定运行和优化决策至关重要。

8.6.1.2 数据智能化管理的重要性

数据智能化管理是实现智能电网的关键环节。通过对电力数据的智能化采集、存储、处理和分析，可以提高数据的质量和可用性，为智能电网的运行控制、故障诊断、能源管理等提供有力支持。

8.6.2 D 智能电网公司的数据智能化管理技术创新

8.6.2.1 先进的数据采集技术

(1) 传感器技术创新

D 智能电网公司采用了先进的传感器技术，如智能电表、传感器网络等，实现了对电力系统的全面监测。这些传感器具有高精度、高可靠性和低功耗的特点，能够实时采集电网运行状态数据和用户用电数据。

(2) 通信技术创新

为了确保数据的实时传输，D 智能电网公司采用了高速通信技术，如光纤通信、5G 通信等。同时，公司还研发了智能通信协议，提高了数据传输的效率和可靠性。

8.6.2.2 高效的数据存储技术

(1) 分布式存储技术

D 智能电网公司采用了分布式存储技术，将数据分散存储在多个节点上，提高了数据的存储容量和可靠性。同时，分布式存储技术还可以实现数据的快速访问和处理，满足智能电网对实时数据的需求。

(2) 数据压缩技术

为了节省存储空间和提高数据传输效率，D 智能电网公司采用了数据压缩技术。通过对数据进行压缩，可以减少数据的存储量和传输带宽，提高数据处理的速度。

8.6.2.3 智能的数据处理技术

(1) 大数据处理技术

D 智能电网公司采用了大数据处理技术，如 Hadoop 生态系统、Spark 框架等，对海量的电力数据进行快速处理和分析。这些技术可以实现数据的分布式处理和并行计算，提高了数据处理的效率和规模。

(2) 人工智能技术

D 智能电网公司还引入了人工智能技术，如机器学习、深度学习等，对电力数据进行智能分析和预测。通过对历史数据的学习，人工智能技术可以预测电网的负荷变化、故障发生等情况，为智能电网的运行控制提供决策支持。

8.6.2.4 可视化的数据展示技术

（1）数据仪表盘

D智能电网公司开发了数据仪表盘，将复杂的电力数据以直观的图表形式展示出来。用户可以通过数据仪表盘实时了解电网的运行状态、负荷情况等信息，便于进行决策和管理。

（2）虚拟现实技术

D智能电网公司还尝试将虚拟现实技术应用于电力数据的展示中。通过虚拟现实技术，用户可以身临其境地了解电网的运行情况，提高了数据展示的直观性和交互性。

8.6.3 D智能电网公司的数据智能化管理对智能电网发展的贡献

8.6.3.1 提高电网运行效率

（1）优化电网调度

通过对电力数据的实时分析和预测，D智能电网公司能够对电网进行优化调度。依据电网负荷的波动和新能源发电的实际情况，合理规划发电方案和输电网络，从而提升电网的运行效率与可靠性。

（2）降低线损

D智能电网公司通过对电网运行状态数据的分析，找出线损较高的区域和环节并采取相应的措施进行优化。例如，调整变压器的运行参数、优化输电线路的布局等，降低了电网的线损，提高了能源利用效率。

8.6.3.2 增强电网稳定性

（1）故障诊断与预测

D智能电网公司利用人工智能技术对电力数据进行分析，实现了对电网故障的快速诊断和预测。通过对历史故障数据的学习，人工智能算法可以提前发现潜在的故障隐患并发出预警信号，便于及时采取措施进行维护和修复，增强了电网的稳定性。

（2）智能控制

D智能电网公司还开发了智能控制技术，根据电网的实时运行状态和负荷变化，自动调整电力设备的运行参数，实现对电网的智能控制。例如，当电网出现故障时，智能控制系统可以自动隔离故障区域，恢复非故障区域的供电，提高了电网的自愈能力。

8.6.3.3 优化能源管理

（1）需求响应管理

D智能电网公司通过对用户用电数据的分析，实现了对需求响应的管理。根据电网的负荷情况和电价变化，公司可以向用户发出需求响应信号，引导用户合理调整用电行为，降低电网的峰值负荷，提高能源利用效率。

（2）新能源接入与管理

随着新能源的快速发展，智能电网需要更好地接入和管理新能源发电。D智能电网公司通过对新能源发电数据的实时监测和分析，实现了对新能源发电的优化调度和控制。同时，公司还开发了新能源储能技术，提高了新能源的利用效率和稳定性。

8.6.3.4 推动智能电网的创新发展

（1）技术创新引领

D智能电网公司的数据智能化管理技术创新为智能电网的发展提供了新的思路和方法。公司的技术创新成果不仅在国内得到了广泛应用，还在国际上产生了重要影响，推动了全球智能电网的创新发展。

（2）标准制定与推广

公司积极参与智能电网标准的制定和推广工作，将自己的数据智能化管理技术创新成果转化为行业标准，为智能电网的规范化发展做出了贡献。

8.6.4 结论

D智能电网公司在数据智能化管理方面的技术创新为智能电网的发展做出重要贡献。通过先进的数据采集、存储、处理和分析技术，D智能电网公司提高了电网的运行效率、增强了电网的稳定性、优化了能源管理，推动了智能电网的创新发展。未来，随着技术的不断进步，智能电网将迎来更加广阔的发展前景。D智能电网公司将继续致力于数据智能化管理的技术创新，为智能电网的发展做出更大的贡献。

第 9 章

E 电力有限公司的新能源数据治理

▶▶ 9.1 新能源行业发展与数据治理挑战

随着全球对环境保护和可持续发展的重视，新能源行业迎来了快速发展的机遇。太阳能、风能、水能等新能源的应用不断扩大，成为未来能源供应的重要组成部分。然而，新能源行业的发展也带来了一系列的数据治理挑战。首先，新能源数据具有分散性。新能源发电设施通常分布在不同的地理位置，数据采集点众多，数据来源分散。这使得数据的整合和管理变得困难，需要建立高效的数据采集和传输系统，以确保数据的及时、准确收集。其次，新能源数据质量不稳定。由于新能源发电受到自然条件的影响，如天气、季节等，数据的波动性较大，质量不稳定。例如，太阳能发电的输出功率会随着日照强度的变化而变化，风能发电的输出功率会随着风速的变化而变化。这就需要采用先进的数据处理和分析技术，提高数据质量，确保数据的可靠性和可用性。最后，新能源数据安全风险高。新能源数据涉及能源生产、传输和分配等关键环节，具有较高的商业价值和战略意义。如果数据泄露或被篡改，可能会对能源安全和企业利益造成严重影响。因此，需要加强数据安全管理，确保数据的安全性。此外，新能源数据的标准化和互操作性也是一个挑战。不同的新能源发电设备和系统可能采用不同的数据格式和通信协议，这使得数据的共享和交换变得困难，需要制定统一的数据标准和接口规范，提高数据的互操作性，促进新能源行业的协同发展。

9.2 优化数据管理与预测分析目标

在数字化时代，数据的价值日益凸显。企业和组织通过收集、存储和分析大量的数据，可以获得有价值的内容，为决策提供依据，提升竞争力。然而，要充分发挥数据的潜力，必须进行有效的数据管理，并运用先进的预测分析技术。优化数据管理可以确保数据的准确性、完整性和可用性，为预测分析提供可靠的基础。同时，准确地预测分析目标能够帮助企业和组织更好地利用数据制订战略规划，应对市场变化。

9.2.1 优化数据管理的关键因素

9.2.1.1 数据质量

①准确性：数据必须准确反映实际情况，避免错误和偏差。不准确的数据可能导致错误的决策，给企业带来严重的后果。

②完整性：数据应完整无缺，涵盖所有相关的信息。缺失的数据可能影响分析的结果，使预测失去可靠性。

③一致性：数据在不同系统和部门之间应保持一致。不一致的数据会导致混乱和误解，降低数据的可用性。

④时效性：数据应及时更新，以反映当前的情况。过时的数据可能使预测失去准确性，无法满足实际需求。

9.2.1.2 数据存储与处理

①数据存储架构：选择合适的数据存储架构，如关系型数据库、非关

系型数据库、数据仓库等，以满足不同的数据存储需求。同时，要考虑数据的可扩展性和性能，确保能够高效地存储和检索大量数据。

②数据处理技术：采用先进的数据处理技术，如大数据处理框架、分布式计算等，提高数据处理的速度和效率。此外，要注重数据清洗和转换，去除噪声和异常值，将数据转化为适合分析的格式。

③数据集成：实现不同数据源之间的数据集成，打破数据孤岛，使数据能够在企业内部自由流动。数据集成可以通过 ETL 工具或数据虚拟化技术来实现。

9.2.1.3 数据安全

①访问控制：建立严格的访问控制机制，确保只有授权人员能够访问敏感数据。采用身份验证、授权管理和加密技术，防止数据被未经授权的人员访问。

②数据备份与恢复：定期进行数据备份，以防止数据丢失。同时，建立数据恢复机制，确保在发生灾难时能够快速恢复数据。

③数据隐私保护：遵守相关的法律法规，保护用户的隐私。采用数据加密、匿名化等技术，确保用户数据的安全。

9.2.2 预测分析的应用与挑战

9.2.2.1 预测分析的应用领域

①市场营销：通过分析客户数据，预测客户的需求和行为，制定个性化的营销策略，提高客户的满意度和忠诚度。

②金融领域：预测市场趋势、风险评估、信用评级等，为投资决策和风险管理提供支持。

③供应链管理：预测需求、优化库存管理、提高供应链的效率和可靠性。

④保健：预测疾病的发生和发展，制订个性化的治疗方案，提高医疗质量和效率。

9.2.2.2 预测分析面临的挑战

①数据质量问题：低质量的数据会影响预测分析的准确性和可靠性。数据中的噪声、异常值和缺失值可能导致错误的预测结果。

②数据复杂性：随着数据量的增加和数据类型的多样化，数据的复杂性也在不断增加。处理复杂的数据需要更先进的分析技术和工具。

③模型选择与评估：选择合适的预测模型并进行准确的评估是一项具有挑战性的任务。不同的模型适用于不同的问题和数据类型，需要进行充分的实验和比较。

④解释性与可理解性：预测模型的结果往往难以解释和理解，这给决策者带来了困扰。提高模型的解释性和可理解性是预测分析面临的重要挑战之一。

9.2.3 优化数据管理对预测分析的影响

9.2.3.1 提高数据质量

优化数据管理可以确保数据的准确性、完整性、一致性和时效性，从而提高预测分析的准确性和可靠性。高质量的数据可以为预测模型提供更可靠的输入，减少误差和不确定性。

9.2.3.2 提升数据处理效率

通过采用先进的数据存储与处理技术，优化数据管理可以提高数据处理的速度和效率。这使得企业能够更快地进行预测分析，及时响应市场变化，做出更明智的决策。

9.2.3.3 增强数据安全性

保障数据安全是优化数据管理的重要方面。安全的数据环境可以防止数据泄露和篡改，确保预测分析的结果真实可靠。同时，数据隐私保护也可以增强用户对企业的信任，为预测分析提供更好的基础。

9.2.3.4 促进数据集成与共享

优化数据管理可以实现不同数据源之间的数据集成，打破数据孤岛。这使得企业能够整合更多的信息进行预测分析，提高预测的准确性和全面性。同时，数据共享也可以促进跨部门合作，提高企业的整体效率。

9.2.4 案例分析

9.2.4.1 E 电力有限公司的数据管理与预测分析

E 电力有限公司通过优化数据管理，提高了数据质量和处理效率。该公司建立了完善的数据质量监控体系，确保数据的准确性和完整性。同时，采用大数据处理技术，实现了实时数据分析和预测。通过分析用户的购买历史、浏览行为等数据，该公司能够预测用户的需求，为用户提供个性化的推荐和营销活动。这不仅提高了用户的满意度和忠诚度，也增加了企业的销售额和利润。

9.2.4.2 某金融机构的风险预测与数据管理

某金融机构通过优化数据管理，加强了风险预测和管理能力。该金融机构建立了全面的数据仓库，整合了内部和外部的各种数据资源。采用先进的数据分析技术，对市场趋势、信用风险等进行预测分析。通过及时准确的风险预测，该金融机构能够采取有效的风险控制措施，降低风险损失，保障企业的稳健经营。

9.2.5 实现优化数据管理与预测分析目标的策略

9.2.5.1 建立数据治理体系

制定数据治理策略和规范，明确数据管理的责任和流程。建立数据治理委员会，监督数据管理的执行情况，确保数据的质量、安全和可用性。

9.2.5.2 加强数据质量管理

建立数据质量监控机制，定期对数据进行检查和清理。采用数据验证、数据清洗等技术，提高数据的质量。同时，加强对数据录入和更新的管理，确保数据的准确性和时效性。

9.2.5.3 提升数据存储与处理能力

选择合适的数据存储架构和处理技术，满足企业不断增长的数据需求。采用分布式存储、云计算等技术，提高数据的可扩展性和性能。同时，加强对数据处理流程的优化，提高数据处理的效率。

9.2.5.4 强化数据安全与隐私保护

建立严格的访问控制机制，保护敏感数据的安全。采用数据加密、匿名化等技术，保护用户的隐私。定期进行数据安全审计，及时发现和解决安全隐患。

9.2.5.5 培养数据分析人才

加强对数据分析人才的培养和引进，提高企业的数据分析能力。开展数据分析培训，提高员工的数据分析技能和素养。同时，吸引优秀的数据分析人才加入企业，为企业的发展提供智力支持。

9.2.6 结论

优化数据管理与实现准确的预测分析目标是企业和组织在数字化时代面临的重要任务。通过优化数据管理的关键要素，如数据质量、数据存储与处理、数据安全等，可以为预测分析提供可靠的基础。同时，准确的预测分析目标能够帮助企业更好地利用数据做出明智的决策，提升竞争力。在实现优化数据管理与预测分析目标的过程中，企业需要建立数据治理体系，加强数据质量管理，提升数据存储与处理能力，强化数据安全与隐私保护，培养数据分析人才等。通过这些策略的实施，企业可以充分发挥数据的价值，实现可持续发展。

9.3 数据管理体系重构与模型创新

9.3.1 数据管理体系面临的挑战

9.3.1.1 数据规模及复杂性的递增

随着信息技术的广泛运用,企业与组织产生的数据量呈现出爆炸式的增长态势。与此同时,数据的类型也更加多样化,涵盖结构化数据、半结构化数据及非结构化数据。此类数据的来源十分广泛,包含企业内部的业务系统、传感器设备及社交媒体等。数据规模与复杂性的不断增长,给数据的存储、处理及管理带来了巨大的挑战。

9.3.1.2 数据质量问题

数据质量乃是数据管理的关键问题之一。鉴于数据来源的多样性、数据录入出现错误及数据更新不及时等因素,数据当中存在着大量错误、不一致及不完整的状况。低质量的数据不但会影响决策的精准性,还会增大数据管理的成本。

9.3.1.3 数据安全与隐私保护

伴随数据价值的持续攀升,数据安全和隐私保护问题更加凸显。企业和组织面临着数据泄露、黑客攻击及内部人员违规操作等风险。与此同时,法律法规对数据隐私保护的要求也越来越严格,企业和组织需要强化对数据安全和隐私保护的管理。

9.3.1.4 数据价值挖掘不足

虽然企业和组织拥有大量的数据,但往往缺乏有效的方法和工具来挖掘数据的价值。数据分散在不同的系统中,难以进行整合和分析。同时,数据分析的深度和广度不够,无法为企业和组织提供有价值的决策支持。

9.3.1.5 技术变革的影响

大数据、人工智能、云计算等新技术不断涌现,企业和组织需要不断学习和应用这些新技术，以适应技术变革的要求。然而，技术变革的快速性也给企业和组织带来了技术选型的困难和技术投资的风险。

9.3.2 数据管理体系重构的必要性

9.3.2.1 满足数据规模与复杂性增长的需要

随着数据规模和复杂性的持续递增，传统的数据管理体系已经难以满足实际需求。对数据管理体系进行重构时，可采用诸如分布式存储、云计算、大数据处理等新的技术与方法，提升数据存储和处理的能力，以应对数据规模和复杂性增长带来的挑战。

9.3.2.2 提升数据质量

数据质量是数据管理的核心问题所在。通过重构数据管理体系，能够构建完善的数据质量管理体系，涵盖数据标准制定、数据清洗、数据验证等环节，进而提高数据质量，为决策提供准确可靠的数据支撑。

9.3.2.3 强化数据安全与隐私防护

数据安全和隐私保护是企业与组织的重大责任。对数据管理体系进行重构，可构建健全的数据安全管理体系，涵盖数据加密、访问控制、数据备份等举措，增强数据安全与隐私保护力度，降低数据泄露风险。

9.3.2.4 深度挖掘数据价值

数据是企业和组织的重要资产，充分挖掘其价值能够为企业和组织带来巨大的经济效益与竞争优势。重构数据管理体系可建立数据分析与应用体系，包含数据仓库建设、数据分析平台搭建、数据挖掘等环节，深度挖掘数据价值，为决策提供有价值的信息支撑。

9.3.2.5 适应技术变革的要求

大数据、人工智能、云计算等新技术的不断涌现，给数据管理带来了新的机遇和挑战。重构数据管理体系可以采用新的技术和方法，如大数据处理技术、人工智能算法、云计算平台等，适应技术变革的要求，提高数据管理的效率和水平。

9.3.3 数据管理体系重构的策略和方法

9.3.3.1 构建数据治理体系

数据治理乃数据管理的核心环节。构建数据治理体系能够明确数据管理的目标、原则及策略，规范数据管理的流程与方法，保障数据的质量、安全及可用性。数据治理体系涵盖数据治理组织架构、数据治理流程、数据治理标准与规范等方面。

（1）数据治理组织架构

设立数据治理委员会、数据治理办公室及数据管理员三级组织架构。数据治理委员会负责制定数据治理的战略与制度，协调各部门间的工作；数据治理办公室承担具体的数据治理工作，包括数据标准制定、数据质量监控、数据安全管理等；数据管理员负责本部门的数据管理工作，配合数据治理办公室完成数据治理任务。

（2）数据治理流程

建立涵盖数据规划、数据采集、数据存储、数据处理、数据分析、数据应用及数据销毁等全生命周期的数据治理流程。明确各流程的责任部门与工作内容，确保数据管理的规范化与标准化。

（3）数据治理标准和规范

制定数据标准、数据质量标准、数据安全标准及数据管理规范等。数据标准涉及数据定义、数据格式、数据编码等方面；数据质量标准包含数据准确性、完整性、一致性、时效性等方面；数据安全标准涵盖数据加密、访问控制、数据备份等方面；数据管理规范包括数据管理制度、数据管理流程、数据管理工具等方面的规范。

9.3.3.2 优化数据存储与处理架构

今天，随着数据规模的不断迅猛增长，传统的集中式存储和处理架构逐渐显露出其局限性，已经无法充分满足日益增长的数据处理需求。为了更好地应对这一挑战，对数据存储与处理架构进行优化就显得尤为重要。而优化数据存储与处理架构可以积极采用分布式存储和并行处理技术，以此来显著提高数据存储和处理的效率及能力。

在分布式存储架构方面，通过采用分布式文件系统、分布式数据库等先进技术，能够将大量的数据分散存储在多个不同的节点上。这样一来，不仅可以极大地提高数据存储的可靠性，还能够有效增强其可扩展性。同时，合理运用数据冗余备份和数据恢复技术，能够为数据的安全性和可用性提供坚实的保障。

在并行处理架构方面，借助分布式计算框架、并行数据库等技术手段，将复杂的数据处理任务分配到多个节点上进行并行处理。如此操作，可以大幅提高数据处理的效率和能力。同时，通过采用任务调度和资源管理技术，能够确保数据处理任务得以高效执行，从而为数据的存储和处理提供更加稳定、可靠的支持。

9.3.3.3 构建数据分析与应用平台

数据分析与应用是数据管理的核心目标。构建数据分析与应用平台可以提供数据分析和挖掘的工具和技术，支持数据的可视化展示和决策支持。

（1）数据分析平台

采用数据仓库、数据集市等技术，构建数据分析平台。数据仓库用于存储企业和组织的历史数据，为数据分析提供数据基础；数据集市用于存储特定主题的数据，为特定业务部门提供数据分析服务。数据分析平台提供数据查询、报表生成、数据分析等功能，支持企业和组织的决策分析。

（2）数据挖掘平台

采用数据挖掘算法、机器学习算法等技术，构建数据挖掘平台。数据挖掘平台用于挖掘数据中的潜在规律和价值，为企业和组织提供预测分析、决策支持等服务。数据挖掘平台提供数据预处理、算法选择、模型训练、模型评估等功能，支持数据挖掘的全流程管理。

（3）数据可视化平台

采用数据可视化技术，构建数据可视化平台。数据可视化平台用于将数据分析结果以直观、易懂的方式展示给用户，支持用户的决策分析。数据可视化平台提供图表制作、报表生成、仪表盘展示等功能，支持数据的可视化展示和分析。

9.3.3.4 强化数据安全与隐私防护

数据安全和隐私保护是数据管理的重要使命。强化数据安全与隐私保护可运用数据加密、访问控制、数据备份等技术手段，保障数据的安全性与可用性。

（1）数据加密技术

运用对称加密、非对称加密等技术，对数据实施加密处理，确保数据在传输和存储过程中的安全。同时，采用密钥管理技术，保障密钥的安全性与可用性。

（2）访问控制技术

采用身份认证、授权管理等技术，对数据的访问加以控制，确保仅有授权用户能够访问数据；同时，运用审计技术，对数据的访问进行审计，保障数据的安全使用。

（3）数据备份技术

采用数据备份软件、存储设备等技术，对数据进行定期备份，确保数据在遭遇灾难时能够及时恢复；同时，采用异地备份技术，将数据备份至不同地点，提升数据的安全性与可用性。

9.3.4 数据管理模型创新

9.3.4.1 数据治理模型创新

（1）基于区块链技术的数据治理模型

区块链技术具有去中心化、不可篡改、可追溯等特点，可以应用于数据治理领域。基于区块链技术的数据治理模型可以实现数据的分布式存储和管理，确保数据的真实性和可靠性。同时，区块链技术可以实现数据的授权访问和共享，提高数据的安全性和可用性。

（2）数据治理即服务（DGaaS）模型

DGaaS 模型是一种将数据治理作为服务提供给用户的模式。DGaaS 模型提供商可以为用户提供数据治理的咨询、规划、实施、运维等服务，帮助用户建立完善的数据治理体系。DGaaS 模型可以降低用户的数据治理成本，提高数据治理的效率和水平。

9.3.4.2 数据存储与处理模型创新

（1）基于对象存储技术的数据存储模型

对象存储技术具有高可扩展性、高可靠性、低成本等特点，可以应用于数据存储领域。基于对象存储技术的数据存储模型可以将数据以对象的形式存储在分布式存储系统中，提高数据存储的效率和可扩展性。同时，对象存储技术可以实现数据的自动备份和恢复，提高数据的安全性和可用性。

（2）基于流处理技术的数据处理模型

流处理技术具有实时性高、处理速度快等特点，可以应用于数据处理领域。基于流处理技术的数据处理模型可以实时处理数据，实现数据的实时分析和决策支持。同时，流处理技术可以实现数据的分布式处理，提高数据处理的效率和可扩展性。

9.3.4.3 数据分析与应用模型创新

（1）基于人工智能技术的数据分析模型

人工智能技术具有自学习、自适应、智能化等特点，可以应用于数据分析领域。基于人工智能技术的数据分析模型可以自动学习数据中的规律和模式，实现数据的智能分析和预测。同时，人工智能技术可以实现数据的可视化展示和决策支持，提高数据分析的效率和水平。

（2）数据驱动的业务创新模型

数据驱动的业务创新模型是一种将数据作为核心资产，通过数据分析和挖掘来推动业务创新的模式。数据驱动的业务创新模型可以帮助企业和组织发现新的业务机会、优化业务流程、提高客户满意度等；同时，数据驱动的业务创新模型可以实现业务与数据的深度融合，提高企业和组织的竞争力。

9.3.5 案例分析

9.3.5.1 E电力有限公司的数据管理体系重构与模型创新

（1）数据治理体系建设

该企业构建了三级组织架构，涵盖数据治理委员会、办公室及管理员，制定了多项标准与规范。经此建设，提升了数据质量，强化了数据安全与隐私保护。

（2）数据存储与处理架构优化

该企业运用分布式存储和并行处理技术，借助分布式文件系统、数据库存储数据，增强了存储可靠性与可扩展性；利用分布式计算框架、并行数据库处理数据，提高了处理效率与能力。

（3）数据分析与应用平台构建

该企业构建了数据分析与应用平台，包括数据仓库、数据集市、数据挖掘平台和数据可视化平台等。通过数据分析与应用平台，实现了数据的可视化展示和决策支持，提高了数据分析的效率和水平。

（4）数据管理模型创新

该企业采用了基于区块链技术的数据治理模型和基于流处理技术的数据处理模型。基于区块链技术的数据治理模型实现了数据的分布式存储和管理，确保了数据的真实性和可靠性。基于流处理技术的数据处理模型实现了数据的实时处理，实现了数据的实时分析和决策支持。

9.3.5.2 某金融机构的数据管理体系重构与模型创新

（1）数据治理体系建设

该金融机构建立了数据治理委员会、数据治理办公室和数据管理员三级组织架构，制定了数据标准、数据质量标准、数据安全标准和数据管理规范等。通过数据治理体系建设，提高了数据质量，加强了数据安全与隐私保护。

（2）数据存储与处理架构优化

该金融机构采用分布式存储和并行处理技术，优化了数据存储与处理架构。采用分布式文件系统和分布式数据库存储数据，提高了数据存储的可靠性和可扩展性。采用分布式计算框架和并行数据库处理数据，提高了数据处理的效率和能力。

（3）数据分析与应用平台构建

该金融机构构建了数据分析与应用平台，包括数据仓库、数据集市、数据挖掘平台和数据可视化平台等。通过数据分析与应用平台，实现了数据的可视化展示和决策支持，提高了数据分析的效率和水平。

（4）数据管理模型创新

该金融机构采用了基于人工智能技术的数据分析模型和数据驱动的业务创新模型。基于人工智能技术的数据分析模型实现了数据的智能分析和预测，为金融机构的风险管理、客户营销等提供了有力支持。数据驱动的业务创新模型实现了业务与数据的深度融合，推动了该金融机构的业务创新和发展。

9.3.6 未来数据管理体系的发展趋势

9.3.6.1 智能化数据管理

人工智能技术的进展正推动数据管理向智能化演进。这种智能管理模式通过自动化采集、存储、处理和分析数据，提升了管理效率。它还能进行智能决策和预测，为企业提供更精确的决策支持，预示着数据管理的未来方向。

9.3.6.2 数据共享与开放

数据共享与开放将成为未来数据管理的重要趋势。数据共享与开放可以实现数据的价值最大化，促进企业和组织之间的合作与创新；同时，数据共享与开放也可以推动数据产业的发展，为经济社会的发展提供新的动力。

9.3.6.3 数据安全与隐私保护

随着数据价值的不断提高，数据安全与隐私保护将成为未来数据管理的重要任务。为了确保数据的安全和隐私，需要采用更先进的技术和方法，如区块链、加密和访问控制技术，以此保护数据的安全和隐私。

9.3.6.4 云原生数据管理

云原生数据管理将成为未来数据管理的重要趋势。云原生数据管理可以实现数据的弹性扩展、高可用性和低成本，为企业和组织提供更加灵活的数据管理解决方案；同时，云原生数据管理也可以实现数据的自动化管理和运维，提高数据管理的效率和水平。

9.3.7 结论

数据管理体系重构与模型创新是应对数据规模和复杂性增长、提高数据质量、加强数据安全与隐私保护、充分挖掘数据价值、适应技术变革要求的必然选择。通过建立数据治理体系、优化数据存储与处理架构、构建数据分析与应用平台、加强数据安全与隐私保护等策略和方法，可以实现数据管理体系的重构。同时，通过数据治理模型创新、数据存储与处理模型创新、数据分析与应用模型创新等，可以实现数据管理模型的创新。未来，数据管理体系将朝着智能化、数据共享与开放、数据安全与隐私保护、云原生数据管理等方向发展。企业和组织应积极应对数据管理的挑战，不断探索和创新数据管理体系和模型，提高数据管理的效率和水平，为企业和组织的发展提供有力支持。

9.4 系统开发、实施与效果评估

9.4.1 新能源数据治理的背景和重要性

9.4.1.1 背景

（1）新能源发展趋势

随着技术的不断进步和成本的不断降低，新能源如太阳能、风能、水能等在全球范围内得到了快速发展。新能源的大规模接入给电力系统带来了新的挑战和机遇，同时也产生了大量的数据。

（2）数据治理需求

新能源数据的多样性、复杂性和高增长性使得传统的数据管理方法难以满足企业的需求。为了更好地利用新能源数据，提高企业的竞争力和可持续发展能力，需要建立一套有效的新能源数据治理体系。

9.4.1.2 重要性

（1）提高数据质量

实施数据治理能够标准化数据的收集、保存、加工、分析流程，保证数据的精确性、完整性和一致性，从而提升数据的质量。

（2）增强数据分析能力

有效的数据治理可以为数据分析提供可靠的数据基础，增强数据分析的准确性和效率，为企业决策提供有力支持。

（3）优化决策过程

高质量的数据和准确的分析结果可以帮助企业管理层做出更加科学、合理的决策，提高企业的运营效率和竞争力。

（4）促进可持续发展

新能源数据治理可以帮助企业更好地了解新能源的发展趋势和市场需求，优化新能源的开发和利用，促进企业的可持续发展。

9.4.2 新能源数据治理系统的开发

9.4.2.1 系统开发目标

(1) 建立统一的数据标准和规范

制定新能源数据的标准化和规范化体系，涵盖数据格式、编码规范、数据字典等方面，以确保数据的一致性和易于理解。

(2) 实现数据的集成和共享

将分散在不同系统和部门的新能源数据进行集成，实现数据的共享和交换，提高数据的利用效率。

(3) 提高数据质量

通过数据清洗、验证和监控等手段，提高新能源数据的质量，确保数据的准确性、完整性和一致性。

(4) 支持数据分析和决策

提供强大的数据分析工具和平台，支持企业对新能源数据的深入分析和挖掘，为决策方案的制订提供有力支持。

9.4.2.2 系统架构设计

(1) 数据源层

数据源层包括新能源发电设备、传感器、监测系统等数据源，负责采集新能源数据。

(2) 数据存储层

数据存储层采用分布式数据库和数据仓库技术，存储新能源数据，确保数据的安全性和可靠性。

(3) 数据处理层

数据处理层包括数据清洗、转换、验证和集成等模块，负责对采集到的数据进行处理，提高数据质量。

(4) 数据分析层

数据分析层提供数据分析工具和平台，支持企业对新能源数据的深入分析和挖掘，为决策方案的制订提供支持。

（5）数据应用层

数据应用层将分析结果应用于企业的运营管理、决策方案的制订和可持续发展等方面，实现数据的价值最大化。

9.4.2.3 关键技术

（1）大数据技术

利用大数据技术处理新能源数据的高增长性和多样性，提高数据处理的效率和准确性。

（2）数据仓库技术

建立新能源数据仓库，实现数据的集成和共享，为数据分析提供可靠的数据基础。

（3）数据分析技术

采用数据分析技术对新能源数据进行深入分析和挖掘，为企业决策提供有力支持。

（4）数据治理技术

运用数据治理技术规范数据的采集、存储、处理、分析过程，提高数据质量。

9.4.3 新能源数据治理系统的实施

9.4.3.1 实施步骤

（1）需求分析

深入了解企业对新能源数据治理的需求，包括数据标准、数据质量、数据分析等方面的需求。

（2）系统设计

根据需求分析的结果，进行系统设计，包括系统架构、功能模块、数据流程等方面的设计。

（3）系统开发

按照系统设计的要求，进行系统开发，包括编码、测试、部署等环节。

（4）数据采集

建立数据采集机制，采集新能源数据，确保数据的及时性和准确性。

（5）数据清洗

对采集到的数据进行清洗，去除噪声、错误和重复数据，提高数据质量。

（6）数据存储

将清洗后的数据存储到数据仓库中，确保数据的安全性和可靠性。

（7）数据分析

利用数据分析工具和平台对存储在数据仓库中的数据进行分析，为企业决策提供支持。

（8）系统优化

根据系统运行的情况，对系统进行优化和改进，提高系统的性能和稳定性。

9.4.3.2 实施策略

（1）领导重视和支持

新能源数据治理需要企业高层领导的重视和支持，确保项目的顺利实施。

（2）部门协作和沟通

新能源数据治理涉及多个部门和业务领域，需要加强部门之间的协作和沟通，确保数据的集成和共享。

（3）人员培训和教育

对参与新能源数据治理的人员进行培训和教育，提高他们的数据治理意识和技能水平。

（4）持续改进和优化

新能源数据治理是一个持续的过程，需要不断地改进和优化系统，提高数据治理的效果和水平。

9.4.4 新能源数据治理系统的效果评估

9.4.4.1 评估指标体系

（1）数据质量指标

数据质量指标包括数据准确性、完整性、一致性、时效性等方面的指标。

（2）数据分析能力指标

数据分析能力指标包括数据分析的准确性、效率、深度和广度等方面的指标。

（3）决策支持效果指标

决策支持效果指标包括决策的科学性、合理性、及时性和有效性等方面的指标。

（4）企业效益指标

企业效益指标包括企业的运营效率、经济效益、社会效益和环境效益等方面的指标。

9.4.4.2 评估方法

（1）定量评估

采用数据分析和统计方法，对评估指标进行量化分析，评估系统的实施效果。

（2）定性评估

通过问卷调查、访谈和案例分析等方法，对评估指标进行定性分析，评估系统的实施效果。

（3）对比评估

将系统实施前后的数据进行对比分析，评估系统的实施效果。

9.4.4.3 评估结果与分析

（1）数据质量得到显著提高

通过数据治理，新能源数据的准确性、完整性、一致性和时效性得到了显著提高，为数据分析和决策提供了可靠的数据基础。

（2）数据分析能力得到增强

新能源数据治理系统提供了强大的数据分析工具和平台，提升了数据分析的精确度和效率，从而为企业的决策提供了强有力的支持。

（3）决策支持效果明显

高质量的数据和准确的分析结果帮助企业管理层做出更加科学、合理的决策，提高了企业的运营效率和竞争力。

（4）企业效益得到提升

新能源数据治理促进了企业的可持续发展，提高了企业的运营效率、经济效益、社会效益和环境效益。

9.4.5 结论

新能源数据治理是电力企业面临的重要挑战，也是实现企业可持续发展的关键。E电力有限公司通过开发和实施新能源数据治理系统，提高了数据质量，增强了数据分析能力，优化了决策过程，实现了企业的可持续发展。未来，随着新能源技术的不断发展和应用，新能源数据治理将变得更加重要和复杂。电力企业需要不断地探索和创新，加强新能源数据治理，提高数据管理水平，为企业的发展和社会的进步做出更大的贡献。

9.5 数据管理与业务创新的成果

9.5.1 数据管理的概念与方法

9.5.1.1 数据管理的定义

数据管理是指对企业内外部数据进行收集、存储、处理、分析和利用的一系列活动。其目的是确保数据的质量、安全和可用性，为企业的决策和业务运营提供支持。数据管理涵盖了数据治理、数据架构、数据质量、数据安全、数据分析等方面。

9.5.1.2 数据管理的方法

（1）数据治理

核心环节，涵盖制定制度、规范流程、明确所有权责任及建立质量体系等，确保数据一致、准确、完整，提升可信度与可用性。

（2）数据架构设计

依业务需求与战略目标设计存储处理架构，包括模型、数据库及仓库建设等，良好的架构可以提高存储效率、查询性能，支持数据分析与创新工作。

（3）数据质量管理

监控管理数据的准确性、完整性、一致性及时效性等，通过建立指标体系、清洗验证机制等提高数据质量，为决策提供可靠支持。

（4）数据安全管理

保护数据的机密性、完整性与可用性，包括加密、访问控制、备份恢复等措施，为重要任务之一。

（5）数据分析与挖掘

运用统计、机器学习等技术分析挖掘数据，发现潜在规律与价值，为业务决策提供支持，助力企业寻新机会与创新点。

9.5.2 数据管理对业务创新的支持作用

9.5.2.1 提供数据基础

数据管理为业务创新贡献丰富的数据资源。经企业内外部数据收集整合，获取全面准确的市场信息、客户需求与业务数据，集成业务创新的数据基础，助力企业了解市场和客户、寻觅新业务机会。

9.5.2.2 支持决策方案的制订

数据管理借助数据分析挖掘，为企业决策提供数据支撑。企业用数据分析结果，了解市场趋势、客户行为及业务绩效，以制订更科学合理的业务决策方案。数据驱动决策提升准确性与效率，降低决策风险。

9.5.2.3 优化业务流程

数据管理分析业务流程数据，寻找瓶颈问题并优化流程，如企业用数据分析结果优化生产、供应链及客户服务流程，提高效率。

9.5.2.4 推动产品创新

数据管理可以为产品创新提供数据支持。企业可以通过对客户需求和行为数据的分析，了解客户的需求和偏好，从而开发出更加符合市场需求的产品和服务。同时，企业也可以依据数据分析的成果，对现有产品进行改良和优化，以增强产品在市场上的竞争力。

9.5.2.5 提升客户体验

数据管理可以通过对客户数据的分析，了解客户的需求和偏好，为客户提供个性化的产品和服务。同时，企业还可以利用数据分析结果，优化客户服务流程，提高客户服务质量，提升客户体验。

9.5.3 数据管理与业务创新面临的挑战

9.5.3.1 数据质量问题

数据质量乃数据管理的核心问题之一。因数据来源多样及采集不规范，企业数据存在大量错误、缺失与不一致的情况。此数据质量问题影响数据分析准确性与可靠性，或致业务决策失误。

9.5.3.2 数据安全问题

随着数据价值的提升，数据安全问题凸显。企业数据含有大量敏感信息，若被泄露或篡改，将给企业造成巨大损失。故数据安全管理为企业数据管理的重要任务之一。

9.5.3.3 数据管理人才短缺

数据管理需要专业的人才来实施。然而，目前市场上的数据管理人才短缺，尤其是既懂业务又懂数据管理的复合型人才更是稀缺。人才短缺问题成为制约企业数据管理和业务创新的重要因素之一。

9.5.3.4 技术更新换代快

技术的不断进步，如大数据、人工智能和云计算，为企业的数据管理与业务创新提供了新的机会和挑战。企业需要不断地学习和掌握新的技术，以适应技术更新换代的要求。然而，技术更新换代快也给企业带来了一定的风险，如技术选型不当、技术投资过大等问题。

9.5.4 应对数据管理与业务创新挑战的策略

9.5.4.1 强化数据质量管控

企业需构建完备的数据质量管理体系，确立数据质量标准与规范，着力加强数据采集、存储、处理及分析等环节的数据质量管控。与此同时，企业还应定期开展数据质量评估与监测工作，及时察觉并妥善解决数据质量问题。

9.5.4.2 增强数据安全管理

企业需要构建全面的安全管理体系来保护数据，通过加强数据加密、访问控制、数据备份与恢复等举措，切实确保数据的安全性。同时，企业还需加强员工的数据安全意识培训，提升员工的数据安全防范能力。

9.5.4.3 培养和引进数据管理人才

企业应加大对数据管理人才的培养和引进力度，建立完善的数据管理人才培养体系，提高员工的数据管理能力。同时，企业还应制定优惠制度，吸引国内外优秀的数据管理人才加入企业。

9.5.4.4 加强技术创新与应用

企业应加强对大数据、人工智能、云计算等技术的研究和应用，不断探索新的数据管理方法和技术，提升数据管理的效能和标准。此外，企业需要增强与高校及研究机构的协作，一起进行技术革新和应用开发的研究。

9.5.5 数据管理与业务创新的未来发展趋势

9.5.5.1 智能化数据管理

随着人工智能技术的不断发展,智能化数据管理将成为未来的发展趋势。智能化数据管理可以实现数据的自动采集、存储、处理和分析,提高数据管理的效率和准确性;同时,智能化数据管理还可以为业务创新提供更加智能化的支持,如智能推荐、智能决策等。

9.5.5.2 数据驱动的业务创新

数据驱动的业务创新将成为未来企业发展的核心竞争力。企业将更加注重数据的收集、分析和利用,通过数据驱动的方式发现新的业务机会和创新点。同时,企业还将加强数据管理与业务创新的融合,实现数据管理与业务创新的协同发展。

9.5.5.3 数据共享与开放

数据共享与开放将成为未来数据管理的重要趋势。企业将更加注重数据的共享和开放,通过数据共享和开放,实现数据的价值最大化。同时,数据共享与开放也将促进企业之间的合作与创新,推动行业的发展。

9.5.5.4 数据安全与隐私保护

随着数据价值的不断提高,数据安全与隐私保护将成为未来数据管理的重要任务。企业将更加注重数据的安全管理,加强数据加密、访问控制、数据备份和恢复等措施,确保数据的安全。同时,企业还将加强对用户隐私的保护,遵守相关的法律法规,保护用户的隐私权益。

9.5.6 结论

数据管理与业务创新是企业发展的重要驱动力。通过有效的数据管理,企业可以为业务创新提供数据基础、支持决策方案的制订、优化业务流程、推动产品创新和提升客户体验。同时,业务创新也对数据管理提出了更高的要求,推动着数据管理的不断发展和完善。

在未来的发展中，企业将面临着数据质量、数据安全、人才短缺和技术更新换代快等挑战。为了应对这些挑战，企业应加强数据质量管理、强化数据安全管理、培养和引进数据管理人才、加强技术创新与应用。同时，企业还应关注数据管理与业务创新的未来发展趋势，如智能化数据管理、数据驱动的业务创新、数据共享与开放、数据安全与隐私保护等，以适应数字化时代的发展要求。

总之，数据管理与业务创新是相互促进、协同发展的关系。企业只有重视数据管理，不断推动业务创新，才能在激烈的市场竞争中立于不败之地。

9.6 创新点与行业借鉴

E电力有限公司的新能源数据治理项目具有以下几点创新。第一，数据管理体系创新。该公司建立了完善的数据治理组织架构、制度流程和技术平台，实现了新能源数据的全生命周期管理。第二，预测分析模型创新。该公司采用了机器学习和深度学习等先进技术，建立了基于神经网络的新能源发电预测模型和基于多目标优化的能源调度优化模型，提高了预测准确性和优化效果。第三，业务创新。该公司通过新能源数据治理，实现了能源生产和分配的智能化管理，为企业的业务拓展和创新提供了新的思路和方向。这些创新点为新能源行业的数据治理提供了有益的借鉴和参考。其他企业可以借鉴E电力有限公司的经验，加强数据治理，提高数据质量和管理效率，推动新能源行业的可持续发展。总之，E电力有限公司的新能源数据治理项目是一个成功的案例，为新能源行业的数据治理提供了宝贵的经验和借鉴。通过优化数据管理与预测分析，E电力有限公司实现了数据驱动的业务创新和可持续发展，为新能源行业的发展做出了积极的贡献。

第 10 章

F 电力公司的数据治理案例研究

▶▶ 10.1 案例背景与特色介绍

F 电力公司是一家在区域内具有重要影响力的电力企业,随着业务的不断拓展和数字化转型的加速,公司面临着日益复杂的数据管理挑战。一方面,公司拥有大量来自不同业务系统的数据,包括电力生产、传输、配送及客户服务等环节的数据,这些数据分散在各个部门,缺乏统一的管理和整合;另一方面,随着新能源的不断接入和智能电网的发展,数据的类型和规模呈爆炸式增长,数据质量问题日益凸显,如数据不准确、不完整、不一致等。为了解决这些问题,F 电力公司决定启动数据治理项目。该项目的特色如下所述。

①强调全面性:涵盖了数据的全生命周期管理,从数据的产生、采集、存储、处理、分析到应用,确保数据在各个环节都得到有效的管理和控制。

②注重协同性:打破部门壁垒,建立跨部门的数据治理团队,促进各部门之间的数据共享和协同工作,提高数据的利用效率。

③突出创新性:积极引入先进的数据治理技术和方法,如大数据分析、

人工智能、数据可视化等，提升数据治理的水平和效果。

④结合地方特色：充分考虑公司所在地区的经济、社会和环境特点，制定符合地方实际情况的数据治理策略，实现地方特色与行业价值的融合。

10.2 治理目标与策略定制

10.2.1 治理目标

①提高数据质量：确保数据的准确性、完整性、一致性和及时性，为公司的决策和业务运营提供可靠的数据支持。

②实现数据共享：打破部门之间的数据壁垒，建立统一的数据平台，实现数据的共享和交换，提高数据的利用效率。

③保障数据安全：建立完善的数据安全管理体系，加强数据的加密、访问控制和备份恢复等措施，确保数据的安全性和保密性。

④支持业务创新：通过数据分析和挖掘，发现数据中的潜在价值，为公司的业务创新和发展提供新的思路和方向。

10.2.2 策略定制

①组织保障策略：成立由公司领导挂帅的数据治理委员会，负责数据治理的决策和监督；设立数据治理办公室，具体负责数据治理的组织、协调和实施工作；建立跨部门的数据治理团队，明确各部门的数据治理职责和分工。

②制度建设策略：制定完善的数据治理制度和流程，包括数据标准、数据质量管理制度、数据安全管理制度、数据共享制度等，确保数据治理工作有章可循。

③技术支撑策略：引进先进的数据治理技术和工具，如数据仓库、数据集市、数据挖掘、数据可视化等，提高数据治理的效率和效果；建立数据治理技术平台，实现数据的集中管理和共享。

④培训宣传策略：开展数据治理培训和宣传活动，提高员工的数据治理意识和技能；营造良好的数据治理文化氛围，推动数据治理工作的顺利开展。

10.3 实施过程与关键措施

10.3.1 实施过程

10.3.1.1 项目启动阶段

成立项目领导小组和工作小组，明确项目的目标、范围、进度和责任分工。开展数据治理现状调研，了解公司数据管理的现状和存在的问题，为制订数据治理方案提供依据。

10.3.1.2 方案设计阶段

根据现状调研结果，制订数据治理方案，包括数据治理的目标、策略、组织架构、制度流程、技术平台等。组织专家对数据治理方案进行评审和论证，确保方案的科学性和可行性。

10.3.1.3 实施推进阶段

按照数据治理方案的要求，逐步推进数据治理各项工作，包括数据标准制定、数据质量提升、数据安全管理、数据共享平台建设等。加强项目的进度管理和质量控制，定期召开项目进度汇报会和质量评估会，及时解决项目实施过程中出现的问题。

10.3.1.4 评估优化阶段

对数据治理项目进行全面评估，包括数据质量、数据共享、数据安全、业务创新等方面的成效，总结项目实施过程中的经验和教训。根据评估结果，对数据治理方案进行优化和完善，持续提升数据治理的水平和效果。

10.3.2 关键措施

10.3.2.1 数据标准制定

成立数据标准制定小组，负责建立公司的数据标准体系，包括数据定义、数据格式、数据编码等。组织各部门对数据标准进行评审和确认，确保数据标准的科学性和合理性。建立数据标准管理平台，实现数据标准的发布、更新和维护，确保数据标准的一致性和有效性。

10.3.2.2 数据质量提升

建立数据质量监控体系，对数据的准确性、完整性、一致性和及时性进行实时监测和评估。制定数据质量问题处理流程，及时发现和解决数据质量问题。开展数据清洗和数据整合工作，提高数据的质量和可用性。

10.3.2.3 数据安全管理

建立数据安全管理体系，明确数据安全的管理职责和流程，加强数据的加密、访问控制和备份恢复等措施。开展数据安全培训和宣传活动，提高员工的数据安全意识和技能。定期对数据安全管理体系进行评估和审计，确保数据安全管理的有效性。

10.3.2.4 数据共享平台建设

建设统一的数据共享平台，实现数据的集中管理和共享，提高数据的利用效率。制定数据共享制度和流程，明确数据共享的范围、方式和权限，确保数据共享的安全和规范。加强数据共享平台的运维管理，确保平台的稳定运行和数据的安全可靠。

10.4 成果与影响分析

10.4.1 成果

10.4.1.1 数据质量显著提高

通过数据标准制定和数据质量提升工作，公司的数据准确性、完整性、一致性和及时性得到了显著提高。数据错误率大幅降低，数据质量指标达到了行业先进水平。

10.4.1.2 数据共享实现突破

建立了统一的数据共享平台，打破了部门之间的数据壁垒，实现了数据的共享和交换。各部门之间的数据协同工作效率得到了大幅提升，为公司的业务创新和发展提供了有力支持。

10.4.1.3 数据安全得到有效保障

建立了完善的数据安全管理体系，加强了数据的加密、访问控制和备份恢复等措施，确保了数据的安全性和保密性。公司未发生重大数据安全事件，数据安全管理水平得到了有效提升。

10.4.1.4 业务创新取得成效

通过数据分析和挖掘，发现了数据中的潜在价值，为公司的业务创新和发展提供了新的思路和方向。公司在智能电网建设、新能源接入、客户服务等方面取得了显著成效，业务创新能力得到了有效提升。

10.4.2 影响分析

10.4.2.1 对公司内部的影响

提高了公司的管理水平和决策效率。通过数据治理，公司实现了数据的集中管理和共享，为管理层提供了更加准确、及时的数据，提高了决策的科学性和有效性。

促进了部门之间的协同工作。数据治理打破了部门之间的数据壁垒，促进了各部门之间的数据共享和协同工作，提高了公司的整体运营效率。

提升了员工的数据素养和技能。通过数据治理培训和宣传活动，员工的数据治理意识和技能得到了显著提升，为公司的数据治理工作提供了有力的人才支持。

10.4.2.2 对行业的影响

为电力行业的数据治理提供了成功案例和经验借鉴。F电力公司的数据治理项目在行业内具有一定的示范作用，为其他电力企业的数据治理工作提供了参考和借鉴。

推动了电力行业的数字化转型和创新发展。数据治理为电力行业的数字化转型提供了基础和保障，促进了电力行业的创新发展，为实现能源互联网的目标做出积极的贡献。

10.5 地方特色与行业价值的融合

10.5.1 地方特色的内涵与价值

10.5.1.1 地方特色的定义与分类

地方特色是指一个地区在自然、历史、文化、经济等方面具有的特征和优势。地方特色可以分为自然特色、文化特色和产业特色等类型。

（1）自然特色

自然特色包括地理地貌、气候条件、自然资源等方面。例如，桂林的山水、张家界的奇峰异石等都是自然特色的典型代表。这些自然特色不仅具有观赏价值，还可以为旅游、农业、能源等行业提供资源基础。

（2）文化特色

文化特色涵盖了历史遗迹、民俗风情、传统技艺、地方美食等方面。例如，北京的故宫、西安的兵马俑、苏州的园林等都是历史文化特色的瑰宝，而各地的民俗节日、传统手工艺等则体现了丰富的民俗文化特色。文化特色为文化旅游产业、创意产业、传统手工业等行业提供了丰富的素材和发展机遇。

（3）产业特色

产业特色是指一个地区在特定产业领域形成的优势和特色。例如，东莞的电子制造业、义乌的小商品批发业、景德镇的陶瓷产业等。产业特色为相关行业的发展提供了产业基础和竞争优势。

10.5.1.2 地方特色的价值体现

（1）经济价值

地方特色可以转化为经济价值，推动地方经济的发展。例如，旅游资源丰富的地区可以通过发展旅游业带动相关产业的发展，增加就业机会和财政收入；特色农产品可以通过品牌化、产业化发展，提高其附加值，促进农民增收。

（2）文化价值

地方特色承载着丰富的历史文化内涵，具有重要的文化价值。保护和传承地方特色文化，有助于增强民族文化自信，促进文化多样性的发展。同时，文化特色也可以为文化创意产业提供灵感和素材，推动文化创新。

（3）生态价值

自然特色中的生态资源具有重要的生态价值。保护自然特色，维护生态平衡，对于实现可持续发展具有重要意义。例如，保护森林、湿地等生态系统，可以维护生态平衡，如水源涵养、空气净化、生物多样性保护等。

10.5.2 行业价值的内涵与重要性

10.5.2.1 行业价值的定义与构成

行业价值是指一个行业在经济、社会和环境等方面创造的价值总和。行业价值主要由经济价值、社会价值和环境价值构成。

（1）经济价值

行业的经济价值主要体现在为社会创造财富、提供就业机会、促进经济增长等方面。一个行业的经济价值取决于其市场规模、盈利能力、创新能力等因素。

（2）社会价值

行业的社会价值包括为社会提供公共服务、促进社会公平、推动社会进步等方面。例如，教育行业为社会培养人才，医疗行业为人们提供健康保障，交通运输行业为人们的出行提供便利。

（3）环境价值

行业的环境价值体现在对环境的影响和保护方面。一些行业，如新能源产业、环保产业等，具有积极的环境价值，可以减少环境污染、推动可持续发展；而一些高污染、高耗能的行业则需要通过技术创新和产业升级来降低环境影响，实现可持续发展。

10.5.2.2 行业价值的重要性

（1）推动经济发展

行业价值的提升可以促进经济的增长和发展。一个具有高附加值、高创新能力的行业可以带动相关产业的发展，形成产业集群，提高区域经济的竞争力。

（2）满足社会需求

行业的发展可以满足人们在物质和精神方面的需求。例如，食品行业为人们提供安全、营养的食品，文化娱乐行业为人们提供丰富的精神文化产品。

（3）促进可持续发展

行业价值的实现需要考虑环境因素，推动行业的可持续发展。通过技术创新和产业升级，降低行业对环境的影响，实现经济、社会和环境的协调发展。

10.5.3 地方特色与行业价值融合的意义

10.5.3.1 促进地方经济发展

地方特色与行业价值的融合可以充分发挥地方资源的优势，推动地方特色产业的发展，增加地方财政收入和就业机会，促进地方经济的繁荣。例如，将地方特色农产品与食品加工行业相结合，可以打造具有地方特色的食品品牌，提高农产品的附加值；将地方文化特色与旅游行业相结合，可以开发具有文化内涵的旅游产品，提升旅游产业的竞争力。

10.5.3.2 传承和创新地方文化

行业的发展可以为地方文化的传承和创新提供平台和动力。通过将地方文化特色融入相关行业中，可以使地方文化得到更广泛的传播和传承。同时，行业的创新也可以为地方文化注入新的活力，推动地方文化的创新发展。例如，将传统手工艺与现代设计相结合，可以打造具有时尚感和文化内涵的创意产品；将地方民俗文化与旅游演艺相结合，可以打造具有地方特色的旅游演艺项目。

10.5.3.3 提升行业竞争力

地方特色为行业提供了独特的资源和市场需求，使行业在竞争中具有差异化优势。通过将地方特色与行业价值融合，可以提升行业的品牌形象和市场竞争力。例如，在汽车行业中，一些企业将地方文化元素融入汽车设计中，打造具有地方特色的汽车品牌，提高了产品的市场竞争力。

10.5.3.4 实现可持续发展

地方特色与行业价值的融合可以实现经济、社会和环境的协调发展。一方面，地方特色产业的发展可以促进地方经济的增长，提高居民生活水平；另一方面，行业的可持续发展可以保护地方生态环境，实现资源的合理利用。例如，在生态旅游行业中，通过保护自然特色和生态环境，可以实现旅游产业的可持续发展。

10.5.4 地方特色与行业价值融合的实现途径

10.5.4.1 产业融合

（1）农业与旅游融合

将农业生产与旅游观光结合，发展休闲农业、乡村旅游等产业。通过开发农业旅游产品，如农家乐、采摘园、农业科普基地等，让游客体验农村生活、了解农业文化，实现农业与旅游的融合发展。

（2）工业与旅游融合

利用工业遗产、工业生产过程等资源，发展工业旅游。通过参观工厂、体验工业生产等活动，让游客了解工业文化、感受工业魅力，实现工业与旅游的融合发展。

（3）文化与旅游融合

将地方文化特色与旅游产业结合，开发具有文化内涵的旅游产品。例如，打造历史文化街区、民俗文化村、文化主题公园等旅游项目，让游客在旅游过程中感受地方文化的魅力。

（4）信息技术与传统产业融合

利用信息技术改造传统产业，提高传统产业的生产效率和产品质量。例如，在农业领域，应用物联网、大数据等技术，实现农业生产的智能化管理；在制造业领域，应用工业互联网、智能制造等技术，提高制造业的自动化水平。

10.5.4.2 品牌建设

（1）打造地方特色品牌

挖掘地方特色资源，打造具有地方特色的品牌。通过品牌建设，提高地方特色产品的知名度和美誉度，增强市场竞争力。例如，景德镇的陶瓷、苏州的丝绸等都是具有地方特色的知名品牌。

（2）提升行业品牌形象

将地方特色融入行业品牌建设中，提升行业品牌的文化内涵和市场竞争力。

(3) 加强品牌营销

通过多种渠道加强品牌营销，提高品牌的市场影响力。例如，利用互联网、社交媒体等进行品牌推广；参加国内外展会、活动，展示品牌形象和产品特色。

10.5.4.3 人才培养

(1) 培养具有地方特色的专业人才

结合地方特色产业的发展需求，培养具有专业技能和地方特色文化素养的人才。例如，培养陶瓷工艺师、丝绸设计师、民俗文化传承人等专业人才。

(2) 加强行业人才培训

针对行业发展的需求，加强行业人才的培训和继续教育。通过开展职业技能培训、管理培训等活动，提高行业人才的综合素质和业务能力。

(3) 引进高端人才

制定优惠策略，吸引国内外高端人才到地方发展。高端人才的引进可以为地方特色与行业价值的融合提供智力支持和创新动力。

10.5.4.4 政策支持

(1) 出台产业政策

政府应出台相关产业政策，鼓励和支持地方特色产业与行业的融合发展。例如，出台税收优惠、财政补贴、金融支持等政策，引导企业加大对地方特色产业的投入。

(2) 加强规划引导

制订地方特色与行业价值融合发展的规划，明确发展目标、重点任务和保障措施。通过规划引导，实现资源的合理配置和产业的协同发展。

(3) 优化营商环境

政府应优化营商环境，为企业发展提供良好的政策环境、市场环境和服务环境。加强知识产权保护，规范市场秩序，提高政府服务效率，为地方特色与行业价值的融合创造有利条件。

10.5.5 地方特色与行业价值融合面临的挑战

10.5.5.1 保护与开发的矛盾

在地方特色与行业价值融合的过程中，存在着保护与开发的矛盾。一方面，地方特色需要得到保护和传承，以保持其独特性和文化价值；另一方面，行业的发展需要对地方特色进行开发和利用，以实现经济价值。如何在保护与开发之间找到平衡，是地方特色与行业价值融合面临的重要挑战。

10.5.5.2 创新能力不足

地方特色与行业价值的融合需要创新思维和创新能力。然而，一些地方和企业在融合过程中创新能力不足，缺乏对地方特色资源的深度挖掘和创新利用。如何提高创新能力，推动地方特色与行业价值的融合创新，是需要解决的问题。

10.5.5.3 人才短缺

地方特色与行业价值融合需要既具有专业技能又了解地方特色文化的复合型人才。这类人才短缺成为制约地方特色与行业价值融合的重要因素。如何培养和引进人才，满足融合发展的需求，是需要面对的挑战。

10.5.5.4 市场竞争压力

随着地方特色与行业价值融合的发展，市场竞争也日益激烈。一些地方和企业在融合过程中面临着来自国内外的竞争压力，如何在竞争中脱颖而出，打造具有竞争力的品牌和产品，是需要解决的问题。

10.5.6 促进地方特色与行业价值融合的策略建议

10.5.6.1 坚持保护与开发并重

在地方特色与行业价值融合的过程中，要坚持保护与开发并重的原则。一方面，要加强对地方特色资源的保护和传承，出台相关的保护政策和法规，确保地方特色的独特性和文化价值得到保护；另一方面，要合理开发利用地方特色资源，通过创新发展模式和产品服务，实现地方特色资源的经济价值。

10.5.6.2　加强创新能力建设

提高地方特色与行业价值融合的创新能力，需要加强创新思维和创新方法的培养。政府和企业应加大对科技创新、文化创新和管理创新的投入，鼓励和支持创新活动。同时，要加强与高校、科研机构的合作，共同开展创新研究和实践，推动地方特色与行业价值的融合创新。

10.5.6.3　培养和引进人才

加强人才培养和引进，是促进地方特色与行业价值融合的关键。政府和企业应制订人才培养和引进计划，加大对人才的培养和引进力度。一方面，要结合地方特色产业的发展需求，加强对专业人才的培养，提高人才的专业技能和文化素养；另一方面，要出台相关政策，吸引国内外高端人才到地方发展，为地方特色与行业价值的融合提供智力支持。

10.5.6.4　加强品牌建设和市场推广

加强品牌建设和市场推广，是提高地方特色与行业价值融合竞争力的重要手段。政府和企业应注重品牌建设，打造具有地方特色和市场竞争力的品牌。同时，要加强市场推广，通过多种渠道宣传、推广地方特色与行业价值融合的产品和服务，提高品牌的知名度和美誉度。

10.5.6.5　加强合作与交流

地方特色与行业价值融合需要加强合作与交流。政府、企业、高校、科研机构等各方应加强合作，共同推动地方特色与行业价值的融合发展。同时，要加强与国内外同行的交流与合作，学习借鉴先进的经验和做法，提高地方特色与行业价值融合的水平和质量。

10.5.7 结论

地方特色与行业价值的融合是实现区域经济可持续发展和行业繁荣的重要途径。通过对地方特色和行业价值的内涵与价值的分析，阐述了地方特色与行业价值融合的意义、实现途径及面临的挑战。同时，提出了促进地方特色与行业价值融合的策略建议，包括坚持保护与开发并重、加强创新能力建设、培养和引进人才、加强品牌建设和市场推广、加强合作与交流等。

地方特色与行业价值的融合是一个长期的、复杂的过程，需要政府、企业、社会各方的共同努力。只有通过不断地探索和实践，才能实现地方特色与行业价值的有机融合，推动区域经济的可持续发展和行业的繁荣。

第 11 章

企业数据治理的未来发展趋势

▶▶ 11.1 数据治理的未来发展预测

数据治理的未来发展预测是一个多维度的话题，它不仅涉及技术的进步，还包括政策的引导、产业链的完善、市场需求的变化等方面。

①技术融合与创新：随着人工智能、机器学习、云计算等技术的迅猛进步，数据治理正变得越来越自动化和智能化。AI 技术可以帮助自动化数据处理、特征识别、标准化和质量稽核等，提高数据治理的效率和准确性。例如，根据数据规则，通过 AI 技术，利用聚类和知识图谱实现数据的自动分类、自动识别主数据，自动构建全链路的 ER 视图，补全注释、数据类型，包括敏感级别来进行全链路的跟踪。

②政策与法规的完善：政府将继续出台相关政策法规，为数据治理行业的发展提供法律保障。例如，相关法律法规的实施，将明确数据安全和隐私保护的要求，推动数据治理行业的合规发展。

③产业链的完善：数据治理行业的上游包括数据采集、存储和加工处理等技术和工具，下游则是各种行业的应用场景。随着大数据与各产业的

广泛融合，数据治理的需求将进一步增加，产业链将更加完善。

④市场需求的扩大：预计 2025 年年末，中国产生的数据总量将达到 48.6ZB，占全球总量的 27.8%。随着数据量的增加，数据治理的需求将进一步扩大，市场规模将持续增长。

⑤应用领域的拓展：数据治理的应用领域将更加广泛，不仅局限于金融、医疗、教育等领域，还将拓展到更多行业和场景中，如智能制造、智慧城市建设等。

⑥数据治理与业务整合的深化：数据治理将与业务流程更紧密地整合，通过数字化、可视化业务流程，提高业务问题识别度和解决效率，从而增强企业的竞争优势和客户满意度。

⑦数据治理的标准化与规范化：数据治理的规范化和标准化将进一步加强，相关的政策法规将不断完善，以适应数据安全和隐私保护的要求。

⑧数据治理人才的培养：随着数据治理重要性的提升，对数据治理专业人才的需求也将增加，企业和教育机构将更加重视数据治理人才的培养。

综上所述，数据治理行业的未来发展前景广阔，市场规模将持续扩大，技术融合与创新将成为推动行业发展的重要力量。同时，政策的引导和产业链的完善也将为数据治理行业的发展提供有力支持。

11.2 技术创新与数据治理的融合方向

技术创新与数据治理的融合是数字化时代企业面临的重要课题。随着新兴技术如人工智能、机器学习、云计算、物联网等的快速发展，数据治理正逐渐成为企业核心竞争力的关键组成部分。以下是技术创新与数据治理融合的几个主要方向。

①自动化与智能化的数据治理：利用机器学习和人工智能技术，数据治理可以实现自动化的数据处理、特征识别、标准化和质量稽核等，从而提高数据治理的效率和准确性。例如，AI 技术可以根据数据规则，利用聚类和知识图谱实现数据的自动分类、自动识别主数据，自动构建全链路的

ER视图，补全注释、数据类型，包括敏感级别来进行全链路的跟踪。

②数据治理与云原生技术的结合：云原生技术为数据治理提供了更加灵活、可扩展的基础设施。通过容器化、微服务等云原生技术，数据治理可以实现更加高效的资源利用和更快的服务交付。例如，数据治理中心（DataArts Studio）支持从数据集成到数据开发、数据质量、数据服务的全流程，支持大数据开发人员高效进行数据的开发和生产，也支持不懂数据开发和数据分析的业务人员处理和加工各种数据。

③数据治理的标准化与规范化：随着数据治理重要性的提升，相关的政策法规和标准也在不断完善。企业需要遵循数据治理的标准化流程，确保数据的合规性和安全性。例如，国家数据局的成立和"数据二十条"的发布，对数据要素未来的基础制度建设做出重要布局，提出要构建数据产权、交易流通、收益分配、安全治理等制度体系。

④数据治理与业务整合的深化：数据治理不仅仅是技术层面的工作，更需要与企业业务紧密结合。通过构建业务数据地图，企业可以实现数据与业务流程的深度整合，优化业务运营和决策。数据治理的核心价值在于赋能企业运营管理和业务优化，消除数据与业务的鸿沟，优化运营动作，发现和规避风险，实现降本增效，助力企业韧性成长。

⑤面向AI的数据治理：随着人工智能技术的广泛应用，企业对AI数据的质量、安全性、可靠性的要求越来越高，推动了面向AI的数据治理市场的快速发展。面向AI的数据治理需要关注数据集的质量评价、数据资源的知识产权保护、生成内容的管理等挑战。

⑥数据治理的生态开放：数据治理的生态开放意味着企业需要与合作伙伴共同构建数据治理的生态系统，共享数据治理的成果。例如，DataArts面向多云、多区域、多级数据湖提供了统一的数据目录，可以自动地采集、分析和识别、存储企业中各种数据的元数据信息，并且将基础元数据和业务元数据、管理元数据进行自动关联、补全，实现数据的资产化管理。

综上所述，技术创新与数据治理的融合方向是多方面的，涉及自动化、云原生、标准化、业务整合、AI应用和生态开放等层面。随着技术的不断进步和企业需求的不断演变，数据治理将继续深化与技术创新的融合，推动企业数字化转型的进程。

11.3 数据治理与业务整合的深化

11.3.1 几种新技术的作用

11.3.1.1 大数据技术的作用

（1）数据存储与处理

大数据技术可以实现海量数据的高效存储和处理。通过分布式存储和并行计算等技术，企业可以快速处理大规模的数据，提高数据处理的效率和速度。

（2）数据分析与挖掘

企业可以借助大数据分析技术，在大量数据中提取出有价值的信息，从而辅助企业做出决策。例如，通过数据挖掘技术可以发现客户的潜在需求、预测市场趋势等。

（3）数据可视化

数据可视化技术能够将复杂的数据信息转化为易于理解的图表，辅助企业管理者更直观地把握数据内涵，从而做出更加明智的决策。

11.3.1.2 人工智能技术的作用

（1）数据质量提升

人工智能技术可以自动检测和修复数据中的错误和异常，提高数据质量。例如，通过机器学习算法可以自动识别数据中的重复值、缺失值等问题并进行自动修复。

（2）数据预测与预警

人工智能技术可以利用历史数据进行学习和预测，为企业提供数据预测和预警服务。例如，通过时间序列分析可以预测未来的销售趋势、设备故障等情况。

（3）智能决策支持

人工智能技术可以为企业提供智能决策支持，帮助企业管理人员做出更科学、更合理的决策。例如，通过智能推荐系统可以为企业管理人员提供个性化的决策建议。

11.3.1.3 区块链技术的作用

（1）数据安全与隐私保护

区块链技术具有去中心化、不可篡改、可追溯等特点，可以为企业数据提供安全可靠的存储和传输环境。通过区块链技术，企业可以实现数据的加密存储和授权访问，防止数据泄露和滥用。

（2）数据共享与协作

区块链技术可以实现数据的去中心化共享和协作。通过区块链技术，企业可以建立安全可靠的数据共享平台，实现数据的跨部门、跨企业共享和协作，提高数据的利用效率。

（3）数据信任与认证

区块链技术可以为企业数据提供信任和认证机制。通过区块链技术，企业可以实现数据的真实性、完整性和可靠性认证，提高数据的可信度和可用性。

11.3.2 技术创新与数据治理的融合路径

11.3.2.1 大数据与数据治理的融合

（1）建立大数据驱动的数据治理体系

企业可以利用大数据技术建立大数据驱动的数据治理体系，实现数据的全生命周期管理。通过大数据分析技术，可以对数据的采集、存储、处理、分析、应用等环节进行实时监控和优化，提高数据治理的效率和效果。

（2）利用大数据提升数据质量

企业可以利用大数据技术对数据质量进行实时监测和评估，及时发现和解决数据质量问题。通过大数据分析技术，可以对数据中的错误和异常进行自动检测和修复，提高数据质量。

（3）数据分析与决策支持

企业能够通过应用大数据分析技术来辅助其决策过程。通过深入分析和挖掘大量数据，企业能够识别出客户的潜在需求、预测市场的走向等，从而为决策提供可靠的科学数据支持。

11.3.2.2 人工智能与数据治理的融合

（1）人工智能驱动的数据治理自动化

企业可以利用人工智能技术实现数据治理的自动化。例如，通过机器学习算法可以自动识别数据中的错误和异常并进行自动修复，通过智能推荐系统可以为企业管理人员提供个性化的决策建议。

（2）人工智能提升数据安全与隐私保护

企业可以利用人工智能技术提升数据安全与隐私保护水平。例如，通过人工智能算法可以自动检测和防范数据泄露和滥用行为，通过智能加密技术可以实现数据的安全存储和传输。

（3）人工智能促进数据共享与协作

企业可以利用人工智能技术促进数据共享与协作。例如，通过智能推荐系统可以为企业管理人员推荐合适的数据共享伙伴，通过智能合同技术可以实现数据的安全共享和协作。

11.3.2.3 区块链与数据治理的融合

（1）区块链保障数据安全与隐私保护

企业可以利用区块链技术保障数据安全与隐私保护。通过区块链技术，企业可以实现数据的加密存储和授权访问，防止数据泄露和滥用；通过区块链技术的不可篡改特性，可以确保数据的真实性和完整性。

（2）区块链促进数据共享与协作

企业可以利用区块链技术促进数据共享与协作。通过区块链技术，企业可以建立安全可靠的数据共享平台，实现数据的跨部门、跨企业共享和协作，提高数据的利用效率。

（3）区块链提升数据信任与认证

企业可以利用区块链技术提升数据信任与认证水平。通过区块链技术，企业可以实现数据的真实性、完整性和可靠性认证，提高数据的可信度和可用性。

11.3.3　企业数据治理的未来发展趋势展望

11.3.3.1　数据治理将更加注重技术创新的应用

随着技术的不断创新，大数据、人工智能、区块链等新兴技术将在企业数据治理中得到更广泛的应用。企业将不断探索和创新，将技术创新与数据治理相结合，提高数据治理的效率和效果。

11.3.3.2　数据治理将更加注重数据安全与隐私保护

随着数据价值的不断提升，数据安全和隐私保护问题将日益凸显。企业将加强数据安全管理，采用先进的技术手段保障数据的安全和隐私，防止数据泄露和滥用。

11.3.3.3　数据治理将更加注重数据共享与协作

在数字化时代，数据共享与协作将成为企业发展的必然趋势。企业将加强数据共享平台建设，促进数据的跨部门、跨企业共享和协作，提高数据的利用效率。

11.3.3.4　数据治理将更加注重数据价值的挖掘与应用

企业将更加注重数据价值的挖掘和应用，利用数据分析和数据挖掘的手段，从大量数据中提炼出有价值的信息，以此辅助企业做出决策，实现数据的商业价值。

11.4 数据治理在企业数字化转型中面临的挑战和作用

11.4.1 企业数据治理面临的挑战

11.4.1.1 数据质量问题

数据质量是企业数据治理的核心问题之一。由于数据来源的多样性、数据录入的不规范和数据处理的复杂性等原因，企业数据中存在着大量的错误、重复和不一致的数据，影响了数据的可用性和价值。

11.4.1.2 数据安全问题

随着数据价值的不断提高，数据安全问题也日益凸显。企业数据面临着来自内部和外部的各种安全威胁，如数据泄露、篡改、丢失和滥用等。如何保障数据的安全，成为企业数据治理的重要挑战。

11.4.1.3 数据孤岛问题

企业内部不同部门和系统之间的数据往往相互独立，形成了数据孤岛。这使得数据难以共享和整合，影响了企业对数据的综合利用和决策支持。

11.4.1.4 技术和工具的复杂性

数据治理需要借助各种技术和工具，如数据仓库、数据湖、数据分析平台、数据治理工具等。这些技术和工具的复杂性和多样性，给企业的数据治理带来了一定的难度。

11.4.1.5 组织和文化问题

数据治理需要企业内部各部门的协作和配合，同时也需要建立一种数据驱动的文化。然而，由于部门之间的利益冲突、数据所有权的不明确和员工的数据意识淡薄等原因，企业在组织和文化方面往往存在着一定的问题，影响了数据治理的效果。

11.4.2 数据治理在企业数字化转型中的作用

11.4.2.1 提升数据质量,为数字化转型提供可靠的数据基础

(1)建立数据标准和规范

通过制定统一的数据标准和规范,明确数据的格式、编码、命名等要求,确保数据的一致性和准确性。

(2)加强数据质量管理

建立数据质量监测和评估机制,及时发现和解决数据质量问题。通过数据清洗、数据验证和数据修复等手段,提高数据的质量。

(3)推动数据源头治理

从数据的产生源头入手,加强对数据录入和采集环节的管理,确保数据的准确性和完整性。

11.4.2.2 保障数据安全,为数字化转型提供安全的数据环境

(1)建立数据安全管理体系

制定数据安全策略和规范,明确数据安全的目标、原则和要求。建立数据安全组织架构和职责分工,加强对数据安全的管理和监督。

(2)加强数据加密和访问控制

对敏感数据进行加密存储和传输,防止数据泄露。实施严密的访问权限控制,以保证仅得到授权的用户可以接触到敏感信息。

(3)开展数据安全审计和风险评估

定期对企业数据进行安全审计和风险评估,及时发现和解决数据安全问题。加强对数据安全事件的应急响应和处理,降低数据安全风险。

11.4.2.3 促进数据共享,为数字化转型提供高效的数据流通环境

(1)打破数据孤岛

通过建立企业数据中心或数据湖,整合企业内部不同部门和系统之间的数据,实现数据的集中管理和共享。

（2）建立数据共享机制

制定数据共享策略和规范，明确数据共享的范围、方式和流程。建立数据共享平台，实现数据的在线共享和交换。

（3）推动数据开放和合作

在保障数据安全的前提下，积极推动企业数据的开放和合作，与外部合作伙伴共享数据资源，实现互利共赢。

11.4.2.4　推动业务创新，为数字化转型提供强大的数据驱动动力

（1）开展数据分析和挖掘

利用数据分析和挖掘技术，深入分析企业数据，发现潜在的业务机会和问题。通过数据驱动的决策，推动企业的业务创新和发展。

（2）建立数据驱动的业务模式

将数据作为企业的核心资产，建立数据驱动的业务模式。通过对数据的分析和应用，优化企业的业务流程、产品设计和服务质量。

（3）培养数据驱动的企业文化

加强对员工的数据意识培养，建立一种数据驱动的企业文化。鼓励员工利用数据进行创新和决策，提高企业的创新能力和竞争力。

附 录

相关法律法规与行业标准

一、法律法规

①《中华人民共和国网络安全法》：2016 年 11 月 7 日，第十二届全国人民代表大会常务委员会第二十四次会议通过，自 2017 年 6 月 1 日起施行。

②《中华人民共和国数据安全法》：2021 年 6 月 10 日，第十三届全国人民代表大会常务委员会第二十九次会议通过，自 2021 年 9 月 1 日起施行。

③《中华人民共和国个人信息保护法》：2021 年 8 月 20 日，第十三届全国人民代表大会常务委员会第三十次会议通过，自 2021 年 11 月 1 日起施行。

④《中华人民共和国反垄断法》：2007 年 8 月 30 日，第十届全国人民代表大会常务委员会第二十九次会议通过，自 2008 年 8 月 1 日起施行。

二、行业标准

①《信息安全技术－大数据服务安全能力要求》：规定了大数据服务提供者应具备的安全能力要求，包括数据安全管理、数据访问控制、数据加密等方面，为企业提供大数据服务时的安全保障提供了参考。

②《信息安全技术－大数据安全管理指南》：为企业进行大数据安全管理提供了指导，包括安全策略制定、安全组织建设、安全制度制定等方面，帮助企业建立健全大数据安全管理体系。

③《信息安全技术－数据安全能力成熟度模型》：用于评估企业的数据安全能力成熟度，帮助企业了解自身数据安全管理的现状和不足，为企业提升数据安全能力提供了方向和方法。

参考文献

[1] 陈晓慧，郭琳. 大数据云计算环境下的数据安全问题与防护研究 [J]. 互联网周刊，2022（23）：78-80.

[2] 崔亚婕，刘洋. 智能电网环境下对电网调度管理的思考 [J]. 中国新通信，2019，21（3）：9.

[3] 戴梅英. 浅析石化企业信息安全管理中的应急响应 [J]. 数字石油和化工，2008（7）：35-41.

[4] 董婷婷. 大数据背景下数字化档案的完整性研究 [J]. 兰台内外，2024（12）：10-12.

[5] 杜向华，朱留情. 大数据云计算环境下的数据安全问题与防护研究 [J]. 数字通信世界，2023（9）：23-25.

[6] 樊博，于元婷. 数字政府建设中的区块链技术应用 [J]. 东吴学术，2022（5）：56-63.

[7] 高凤喜. 智能电网规划中的数据安全与保障策略分析 [J]. 集成电路应用，2024，41（2）：248-249.

[8] 郜鼎，谢婧，石艾鑫. 大数据资产化面临的挑战 [J]. 生产力研究，2017（1）：131-133+137+161.

[9] 耿耀. 计算机数据信息处理中大数据技术的应用研究 [J]. 科技资讯，2024，22（20）：26-28.

[10] 韩文聪. 数据安全文献的问题研究与分析 [J]. 信息系统工程，2024（4）：144-148.

[11] 何悦.区块链电子取证技术的公安应用及法律规制研究[J].法治研究，2024（3）：57-71.

[12] 胡晨，蔡博阳，项文新.开发区档案数据归集平台技术架构设计[J].兰台世界，2024（2）：62-68.

[13] 胡婷婷，蒋丽萍.基于大数据背景探讨电子商务营销管理的优化路径[J].营销界，2023（8）：5-7.

[14] 黄海.会计信息化下的数据资产化现状及完善路径[J].企业经济，2021，40（7）：113-119.

[15] 黄晔华.大数据云计算环境下的数据安全问题与防护研究[J].数字通信世界，2024（11）：32-34.

[16] 霍燕兵.浅谈大数据时代档案管理工作的挑战与机遇[J].数字技术与应用，2022，40（5）：112-114.

[17] 蒋泽标，张桥银.虚拟现实在实践教学中的应用浅析[J].新课程研究（中旬刊），2010（8）：123-124.

[18] 蒋志明.理想的数据架构的研究和实现[J].中国科技信息，2009（24）：84-86+92.

[19] 巨克真，魏珍珍.电力企业级数据治理体系的研究[J].电力信息与通信技术，2014，12（1）：7-11.

[20] 李昊旻.基于云计算平台的智慧高速数据处理与决策支持[J].汽车画刊，2024（2）：12-14.

[21] 李叶成.基于ArcGIS软件平台的不动产登记数据整合建库研究[J].华北自然资源，2024（2）：130-132+135.

[22] 李长敏.标准化视角下档案服务信息安全风险及防护策略探析[J].大众标准化，2023（21）：14-16.

[23] 李梓.浅谈工业互联网环境下的网络入侵检测系统设计[J].通信管理与技术，2021（1）：51-54.

[24] 廖世江.基于大数据的国有企业全面预算管理体系构建[J].财会学习，2024（14）：77-79.

[25] 林翰，陈矗.电力大数据高速存储及检索技术应用[J].电子技术，2023，52（6）：244-245.

[26] 刘光强.数据资产赋能企业高质量发展的价值创造逻辑与路径[J].财会通讯,2024（4）:3-12+160.

[27] 刘吉文,陈婕妤,张高高.大数据驱动下的企业全面预算管理体系构建研究[J].财会通讯,2023（12）:165-172.

[28] 刘铜嵘,周环珠.大数据环境下的数据治理框架研究及应用[J].通讯世界,2024,31（4）:37-39.

[29] 刘金忆.数据挖掘技术在高校学生成绩分析中的应用[J].信息记录材料,2021,22（7）:165-167.

[30] 刘梦,王婷婷.高校图书馆科研数据治理路径研究[J].传播与版权,2024（7）:73-75.

[31] 刘圣前.大数据在财务会计中的应用及对财务报表的影响研究[J].财会学习,2023,（16）:1-3.

[32] 刘师范.基于数据驱动方法的短波监测系统设计[J].通讯世界,2019,26（12）:14-15.

[33] 刘助翔.分布式大数据存储在融合新闻生产平台中的应用[J].现代电视技术,2016（8）:60-64.

[34] 陆剑.探究计算机信息技术在大数据时代中的应用[J].科技风,2024（28）:31-33.

[35] 马国英.电子政务建设中的档案管理价值、应用以及优化措施[J].山西档案,2023（1）:129-131.

[36] 马卫.数智赋能时代大数据技术在旅游业与酒店业中的应用[J].数字技术与应用,2023,41（11）:75-80.

[37] 么宇光.分布式存储在超融合架构方案中的应用[J].长江信息通信,2023,36（11）:86-88.

[38] 孟福刚.5G技术在供应链协同库存管理数据采集中的应用[J].中国物流与采购,2023（18）:107-108.

[39] 莫祖英.大数据质量测度模型构建[J].情报理论与实践,2018,41（3）:11-15.

[40] 秦晓东,郑如顺.政务数据治理下民政部门土数据管理平台的设计与实践[J].中国新通信,2021,23（14）:34-37.

[41] 沙柳.智慧档案馆建设中的人工智能应用与未来趋势[J].办公自动化，2023，28（16）：45-48.

[42] 石秀芳，柳明军，毕小强，等.制造业企业数据要素治理的探索与实践[J].新型工业化，2024，14（4）：55-62+69.

[43] 孙博华，赵翔.中国能源智能化管理现状及发展趋势[J].华北电力大学学报（社会科学版），2014（1）：1-6.

[44] 孙东方.存储技术的发展及其在广播电视中的应用[J].电视技术，2023，47（4）：165-167.

[45] 孙丽伟，崔燕，费一楠，等.知识产权强国建设背景下知识产权数据标准体系的构建[J].中国发明与专利，2019，16（11）：23-29.

[46] 孙丽伟，杨筱，胡婷，等.知识产权强国建设背景下持续提升数据标准体系的战略思考[J].科技管理研究，2023，43（14）：133-140.

[47] 王春丽.大数据环境下Oracle数据库备份与恢复策略研究[J].信息安全与技术，2016，7（4）：38-39+77.

[48] 王衡，姜源，王开科，等.基于稳控策略规则库的电网运行分析预警系统[J].中国设备工程，2018（11）：128-130.

[49] 王晶.大数据技术在金融审计数据分析中的应用研究[J].财会学习，2024（13）：137-139.

[50] 王科.新时期智能电网建设与线损管理研究[J].电工技术，2023（S1）：262-264.

[51] 王世晞，张亮，李娇娇.大数据时代下的数据安全防护——以数据安全治理为中心[J].信息安全与通信保密，2020（2）：82-88.

[52] 王唯贤.大数据环境下档案管理创新研究[J].兰台内外，2024（17）：25-27.

[53] 王霞.云存储平台在高职校园数字资源建设中的作用与实践探索[J].信息记录材料，2024，25（3）：192-194.

[54] 王雪.交通工程试验检测数据分析与质量评估方法研究[J].汽车周刊，2024（8）：22-24.

[55] 王悦，董衍旭.企业中台战略下的数字化转型路径探索——以F省电力公司为例[J].海峡科学，2023（12）：50-56.

[56] 魏丽. 数据信息可视化艺术性与实用性探究——基于沉浸式交互技术 [J]. 时代报告（奔流），2024（1）：53-55.

[57] 吴鸿，文武，罗棚. 信息通信安全技术的有效应用分析 [J]. 通讯世界，2024，31（5）：58-60.

[58] 吴江. 基于区块链的铁路数据资产共享关键技术研究 [D]. 北京：中国铁道科学研究院，2022.

[59] 吴凯. 基于调控数据分析的电网调控人工智能关键技术研究 [J]. 电力信息与通信技术，2022，20（6）：69-74.

[60] 吴寅，张静华，王宇. 新时期智能配电网自动化开关在配网调度的应用研究 [J]. 光源与照明，2024（5）：159-161.

[61] 谢伟锋. 泛在电力物联网背景下 N 电力公司数据治理研究 [D]. 银川：宁夏大学，2022.

[62] 谢先文. 数据脱敏技术在网络安全领域的应用与面临的挑战 [J]. 电脑知识与技术，2024，20（14）：86-88.

[63] 徐敏，孙梦觉，刘丽. 基于大数据时代的省级电网数据治理研究 [J]. 电子测试，2018（22）：118-119.

[64] 续瑾成. 浅谈数据治理在数据质量管理中的作用 [J]. 中国管理信息化，2016，19（18）：192.

[65] 薛惠. 基于物联网的智能配电运维创新技术分析 [J]. 集成电路应用，2024，41（1）：158-159.

[66] 杨国昌. 计量检测行业大数据分析挖掘潜在问题与优化解决方案 [J]. 大众标准化，2023（16）：196-198.

[67] 叶发明. 基层工业统计数据质量管理与提升策略 [J]. 中国商界，2024（4）：151-153.

[68] 余健豪. 可视化技术在景区大数据平台中的应用 [J]. 电子科技，2018，31（9）：77-79.

[69] 岳红. 现代企业经济统计现状及发展分析 [J]. 商场现代化，2024（5）：111-113.

[70] 展金梅，陈君涛，田飞. 数据挖掘技术在高校学生成绩分析中的应用 [J]. 科技资讯，2023，21（19）：202-205.

[71] 战伟.从制造业分析中国经济未来发展趋势[J].山西青年，2018（17）：109+108.

[72] 张浩.网络时代电子商务会计事务的安全问题探究[J].营销界，2023（17）：41-43.

[73] 张旭，马龙，王志伟，等.基于人工智能技术的电网调控关键技术分析[C]//中国智慧工程研究会.2024人工智能与工程管理学术交流会论文集.乌鲁木齐：国网乌鲁木齐供电公司，2024.

[74] 张永民.创新城市管理模式推动新型智慧城市建设[J].中国建设信息化，2017（5）：52-55.

[75] 赵彤.松辽委信息数据存储与备份[J].东北水利水电，2014，32（11）：68-70.

[76] 赵新星.大数据平台下的物联网信息化建设[J].信息与电脑（理论版），2023，35（16）：200-202.

[77] 钟小蕾.人工智能背景下制造企业财务数字化转型的路径研究[J].商讯，2024（3）：88-91.

[78] 周慧宁，权少亭，商欢.信息时代企业数据治理途径探析[J].电脑知识与技术，2018，14（21）：25-27.

[79] 周士魁.浅析大数据对企业管理模式的影响[J].现代营销（上旬刊），2024（6）：141-143.

[80] 朱丹.大数据视域下行政事业单位财务管理的优化研究[J].中国农业会计，2023，33（8）：45-47.

后 记

在本书的撰写过程中，我们得到了众多一线项目管理人员的大力支持。他们不仅提供了宝贵的实践经验，还无私分享了项目建设背景、需求痛点剖析、方案落地过程及最终的价值成果展现。这些案例的实践方法论都是经过无数次实践检验和总结复盘后得出的，真实还原了政企项目建设的全过程。

我们深知，数据治理是一项系统性工程，它不仅涵盖了一系列策略、标准、流程和技术，更关乎企业数字化转型的成功。因此，本书的撰写不仅是对过去经验的总结，也是对未来发展的展望。我们希望通过这些案例的分享，帮助读者更好地理解数据治理的重要性，以及如何在实际工作中应用这些知识和技能。

在此，我们要特别感谢所有参与本书撰写的人员和编辑团队（康毅、李欣、刘静、张翼、汪啸、王利、齐璇、胡晨阳），没有他们的辛勤工作和专业知识，本书不可能问世。同时，我们也要感谢所有案例中提到的企业和组织，他们的实践为本书提供了丰富的素材和深刻的洞见。

最后，我们期待读者能够通过阅读本书获得启发和指导，将数据治理的理念和实践应用到自己的工作中，推动企业和组织的数据治理工作向前发展。我们相信，随着数据治理的不断深入，它将成为企业数字化转型的重要驱动力。

版权说明

本书的全部内容，包括文字、图表、案例分析等，均受《中华人民共和国著作权法》保护。未经出版方书面许可，任何单位和个人不得以任何形式复制、传播、改编或用于商业用途。对于本书的任何侵权行为，出版方将保留追究法律责任的权利。

联系方式

如果您对本书有任何疑问或需要进一步的信息，请通过以下方式联系我们。

电子邮箱：wkhuang16@163.com

我们期待与您的交流，并欢迎您对本书提出宝贵的意见和建议。